O MUNDO EM QUE EU VIVO

Capa:
desenho mediúnico de Toulouse Lautrec
Foto 4a capa:
Renato Cirone

Ilustrações:
desenhos mediúnicos de Toulouse Lautrec e Portinari
Psicopictoriografado pelo médium Luiz A. Gasparetto

Revisão e Editoração Eletrônica
Sandra Martha Dolinsky

1ª edição
10ª impressão
Fevereiro • 2009
10.000 exemplares

Dados Internacionais de Catalogação na Publicação (CIP)
(Câmara Brasileira do Livro, SP, Brasil)

Sampaio, Silveira (Espírito)
O mundo em que eu vivo / ditado por Silveira Sampaio ;
[psicografado por] Zibia Gasparetto. – – São Paulo:
Centro de Estudos Vida & Consciência Editora.

ISBN 978-85-85872-10-1

1. Espiritismo 2. Psicografia 3. Romance espírita
I. Gasparetto, Zibia. II. Título

08-11893
CDD-133.93

Índices para catálogo sistemático:
1. Romances espíritas psicografados: Espiritismo 133.93

Publicação, Distribuição
Impressão e Acabamento
CENTRO DE ESTUDOS
VIDA & CONSCIÊNCIA EDITORA LTDA.

Rua Agostinho Gomes, 2312
Ipiranga • CEP 04206-001
São Paulo • SP • Brasil
Fone / Fax: (11) 3577-3200 / 3577-3201
E-mail: grafica@vidaeconsciencia.com.br
Site: www.vidaeconsciencia.com.br

É proibida a reprodução
de parte ou da totalidade
dos textos sem autorização
prévia do editor.

Zibia Gasparetto

ditado por Silveira Sampaio

O MUNDO EM QUE EU VIVO

Índice

Prólogo 9
O Indiferente 15
O Jardineiro 23
O Viciado 31
O Sufrágio 39
O Porteiro 47
O Mestre 57
A Reconciliação 69
O Rebelde 83
A Experiência 95
A Requisição 107
O Desencarne 119
O Recruta 127
O Recalque 137
A Calvície 147
O Arquiteto 157
O Juiz 167
O Romântico 177
A Teimosia 185
A Polidez 195
A Diferença 201
O Tempo 211
A Inspiração 219
O Apêndice 227
O Arquétipo 235
A Destruição 245
O Chefão 255

Prólogo

Sempre achei o bate-papo um entretenimento delicioso. O diálogo oferece ocasião a sentirmos o pensamento do outro, e o que é mais agradável, a exteriorização do nosso próprio pensamento. Por isso, sempre optei pela conversa a dois, ainda que em um vídeo de TV ou num palco de teatro.

Quando estava só, procurava, tal qual o menino solitário no faz-de-conta, o diálogo desejado e interessante representando o parceiro, fazendo os dois papéis.

E isso é uma delícia. Dar asas à imaginação, poder perguntar sem reservas, sem convenções, sem preconceitos, e colocar respostas na boca do outro. A tal ponto podemos chegar nesse jogo que às vezes somos surpreendidos pelas respostas inesperadas e interessantes.

Como fazemos isso? Talvez liberando lados ocultos do nosso inconsciente, porque se nós "não podemos ser" dessa ou daquela forma, falar isso ou aquilo, o outro pode, a responsabilidade é dele. Nossa censura não interfere. Podemos nesse jogo criar vários personagens diferentes. Vocês já experimentaram?

Claro que sim. Quem, na expectativa de uma entrevista importante de cunho profissional, sentimental ou até desagradável, já não imaginou com antecedência como ela se desenrolaria, colocando-se no lugar do interlocutor e criando o diálogo?

Mas, aqui, um prolongamento da sociedade terrena, fazemos a mesma coisa. Tanto nas colônias, ou cidades dos que estão mais ligados ao plano superior fora da faixa terrena, como nas proximidades da Terra, até na sua crosta, em meio aos encarnados e em suas profundezas no submundo, o homem é o ser do diálogo, da expressão, e não fala só através do verbo, mas de atitudes, de gestos, por vezes mais autênticos do que suas palavras.

Assim, eu amo o diálogo, adoro conhecer gente, aprender a enxergar dentro do ser humano. Continuei a procurar aqui, da mesma forma que quando encarnado, entrevistar, conhecer, dialogar, e embora não consiga ainda deixar de divagar, colocando respostas na boca dos meus personagens, constatei que às vezes a realidade, isto é, o diálogo a dois – onde cada um assume sua posição – supera a mais fértil imaginação.

Se na Terra nos deparamos com pessoas defendendo os mais incríveis pontos de vista, e talvez isso represente uma das belezas do nosso mundo terreno, aqui encontramos criaturas tão originais que tornam insignificantes as nossas mais ousadas fantasias.

Desde que fui liberado para entrevistar, e consegui material para reportar aos homens o nosso mundo fantasma, tenho consumido todas as minhas horas de lazer em procurar conhecer pessoas das mais variadas camadas sociais.

Como? Também aí, no além, existem camadas sociais? – perguntarão os mais beatos, sonhando com o *dolce far niente* da vida contemplativa, ou imaginando que sejam de imediato impostas aos recém-desencarnados posições definidas e irreversíveis.

Não é bem assim. O livre arbítrio continua a ser para nós uma determinante. E a confusão que anda pelo mundo sobre tal coisa se deve por certo à imaginação um tanto fértil de cada um, que a seu modo idealiza a vida depois da morte.

Mas eu posso afirmar que o inevitável, logo de início, assim que regressamos, é contatar nossa realidade. Dada a natureza do nosso corpo espiritual, fora da densidade da carne, isso é o que acontece de pronto. Há também a materialização rápida do nosso pensamento, livre das barreiras carnais. Na Terra, pensamos e não vemos de imediato a ação da nossa mente, mas aqui, ao pensar, já percebemos a materialização da idéia. Essa diferença tem confundido os homens na Terra a imaginar coerção ou férrea disciplina. A escola aqui é outra. Quando voltamos e nos vemos tal qual somos, e, às vezes, o que temos sido em outras vidas, naturalmente nos chocamos. Se na Terra fantasiamos a nosso respeito, procurando até artifícios sutis para nos enganarmos pelos caminhos da nossa mente, criando uma imagem que gostaríamos de ser e encobrindo o que somos, é óbvio que enxergar essa realidade temida e quase sempre não muito agradável provoca reações dolorosas.

Aí então, nesse momento, o recém-desencarnado escolhe seu caminho. O amor divino, através de mãos compassivas, o espera na chegada, mas quase sempre ele prefere mergulhar na fantasia e, entre apelos da realidade que encontra a cada passo, atraindo desafetos de outros tempos e o desejo de fugir, perde-se nos umbrais da perturbação e do sofrimento. Mas, quando se decide realmente a aceitar sua realidade, então, pode ser auxiliado e outra vez tem possibilidade de escolher entre submeter-se à sábia orientação dos nossos maiores – aí a disciplina é obrigatória – ou continuar livremente ao sabor das forças que atraiu.

Mas eu disse tudo isso para que possam entender um pouco como se vive aqui.

Há sociedade, hierarquia, e em alguns lugares é interessante observar o comportamento de cada um. Com exceção dos planos mais altos, onde o equilíbrio é mais constante e as comunidades socializadas em alto padrão, há cidades onde as criaturas, mesmo convivendo em paz e preparando-se para voltar a reencarnar com proveito, conservam costumes adquiridos durante vidas consecutivas, que lhes é difícil modificar.

Assim, os que já desenvolveram o senso de beleza, e usufruíram de dinheiro na Terra, morando em residências bem decoradas, aqui construíram suas habitações com gosto e requinte. Vestem-se com apuro e bom gosto, e procuram ocupar-se com tarefas intelectuais ou condizentes com sua maneira de ser. E há os que, ao contrário, tendo tido suas últimas encarnações na pobreza ou ocupando posições mais humildes na sociedade, constroem suas casas sobriamente, com poucas acomodações, e procuram trabalhar nas ocupações mais modestas, que requerem menos esforço mental.

Estão admirados? Então não existe nenhum "Cinderelo", que da noite para o dia sai do borralho terreno para o palácio do príncipe encantado?

Não existe. E explico por quê. Cada um escolhe o rumo que quer seguir. Assim como o mendigo não entra em um luxuoso magazine porque não se sente à vontade, ao chegar aqui ele tem poucas ambições, e o pouco já lhe parece muito. São fases de cada um. O duro é sair do luxo e renascer na pobreza, e isso pode acontecer, porque, às vezes, certos de que precisam alcançar o próprio equilíbrio, ao inverso da Cinderela, os príncipes resolvem nascer no borrralho, e aí sim é que vão sofrer.

É que eles pretendem valorizar as coisas, e por isso necessitam sentir a necessidade de cada uma. Escolhem a mudança, e o que é fácil aqui, devido à visão mais real, torna-se difícil aí, onde se medem as pessoas pelas aparências.

Mas o livre arbítrio é mantido sempre.

Eu falava do diálogo e pretendia dizer que, circulando nessa cidade muito próxima da Terra, onde me é agradável estar, tanto que às vezes me parece estar ainda na carne, conheci pessoas interessantes com as quais tive os mais curiosos contatos e aprendi muito de suas experiências.

Antes que eu me esqueça, gostaria de esclarecer que o fato de estarmos muito próximos à Terra não significa que esta cidade seja uma região de acerbos sofrimentos, onde habitem espíritos infelizes e atrasados. Não! Isso é fantasia de cada um. Claro que há os agrupamentos dos desajustados. Mas, há também, tanto quanto na Terra, comunidades, que dentro do seu relativismo natural, trabalham e estudam, lutam e se esforçam para progredir, levando vida normal e operosa como grande parte da população encarnada.

O que há de estranho nisso? Se aí é assim, por que aqui não pode ser também, já que somos os mesmos?

É uma delícia poder travar relacionamento com o outro, e trocar idéias, renovar nossos conceitos ao toque das alheias experiências.

Assim como eu, que nas minhas horas de lazer gasto o meu tempo em busca de um bom bate-papo, pensando em escrever essas experiências, os outros também procuram, em suas horas de lazer, os lugares de sua preferência, conforme seus planos para o futuro.

Há os que pensam em voltar à Terra, e aqui todos pensam, procuram atividades que os ajudem a atender, ao reencarnar, o programa que idealizam. Há os que procuram estudar Direito, Filosofia, Política, leis dos países onde pensam renascer. Os que pretendem prestar socorro vão estudar Enfermagem, Medicina. Há os escritores, poetas; há os que procuram o comércio e a indústria, interessados em resolver seus problemas passados, contribuindo ou repondo os danos na Terra, construindo empresas que acionem o progresso e proporcionem trabalho, meios de subsistência. Há os artistas que procuram mergulhar cada vez mais nas maravilhas da natureza para levar aos homens beleza, alimento espiritual e, porque não dizer, alegrar, entreter, tornar a vida na Terra mais agradável e bela.

Nos múltiplos departamentos onde podemos circular em nossas horas de lazer existe sempre a preparação para a reencarnação, e em muitos deles há os aparelhos de testes, a avaliação das probabilidades que fariam inveja ao mais sofisticado computador do mundo.

E eu circulei por esses lugares maravilhosos, encantados, onde a realidade supera em muito a mais ousada fantasia do homem encarnado.

Tenho muitas coisas a contar das entrevistas que fiz, dos diálogos que travei, dos bate-papos amigos onde não coloquei palavras na boca do outro, mas ouvi, admirado e atento, curiosas idéias que eu jamais teria imaginado, experiências reais e objetivas dos inexplicáveis e fascinantes caminhos do psiquismo humano.

Vocês não acreditam? Pois eu prometo que voltarei para contar.

Era tarde de domingo e eu estava de folga. O céu azul e sem nuvens se estendia sobre a praça como na Terra! Que saudade!

Procurei alguém para dividir minha alegria. Um homem elegante, de certa idade, roupa distinta, sentado em um banco, lia um volume encadernado, com circunspecta postura. Aproximei-me, sentei-me a seu lado:

— Com licença — murmurei, já como início de conversa.

Ele balançou a cabeça e continuou a leitura. Não parecia disposto ao diálogo, mas eu estava curioso. Enviesei o olho para o livro tentando ver o título.

— Pirandelo — tornou ele, imperturbável.

Sorri. Há momentos em que me esqueço que se pode perceber o pensamento. Entusiasmado, retruquei:

— Maravilhoso! Gosta de teatro?

Ele levantou o olhar fixando-me sério através do pincenê. Tinha olhos inteligentes, fisionomia austera, como toda sua roupa.

— Não.

Fiquei desconcertado. Por que lia Pirandelo?

— Ah — fiz, sem saber o que dizer.

Continuou mergulhado na leitura. Se ele pode ler meu pensamento, pensei, por que não tento ler o dele? Assim, não o interrompo e saberei o que se passa.

Mas, para surpresa minha, ele fechou o livro e disse:

— Quem é o senhor e o que deseja?

Senti-me desarmado. Ele era formal e não facilitava as coisas.

— Desculpe. Acho que perturbei seu entretenimento. Sou apenas um repórter, escrevo para os amigos da Terra e procuro conhecer as pessoas, relatar a vida aqui.

Ele olhou-me com firmeza:

– Não estou me entretendo. Já lhe disse que não gosto de teatro. Leio por necessidade.

– Ah!

– Já vi que sua curiosidade não nos dará sossego. Estou fazendo um curso de sensibilização. Devo reencarnar em breve. Se possível, dentro de um ano ou dois.

Interessei-me. Tentei ser amável.

– Na Terra fiz teatro, escrevi peças, admiro Pirandelo. Por isso interessei-me pela sua leitura. Depois, confesso, olhando o céu tão lindo, este jardim tão agradável, fiquei saudoso do mundo terreno... Precisava conservar com alguém, por isso sentei-me a seu lado; desejava um amigo para trocar idéias.

Ele alçou o olhar para cima, admirado.

– Não tinha reparado no céu. Afinal, que diferença faz? Fiquei sem resposta.

– Se não aprecia o teatro nem Pirandelo, por que está lendo?

– Preciso. Durante toda minha vida na Terra, nunca me preocupei com o mundo que me cercava, nem com as pessoas que faziam parte da minha vida. Era materialista. Cultuava o cifrão como Deus e o poder como conseqüência da inteligência bem aplicada. Desde a infância surpreendia meus mestres com a argúcia do meu pensamento e o desejo de progredir. Era sempre o primeiro da classe e não me satisfazia com menos. Graduei-me em Advocacia de maneira brilhante e, ainda muito jovem, utilizando o capital de meu pai e os recursos da minha própria capacidade, construí uma empresa que a cada dia crescia mais e mais, e veio a tornar-se a razão de ser de minha vida. Ao casar-me, somei o capital de minha mulher, moça rica e de sociedade, aos bens que possuía, e prossegui, sempre lutando para ser o primeiro, na conceituação da maioria, e cheguei à idade avançada entre a admiração de todos e a satisfação própria de ter em mãos a maior rede empresarial do meu país, sendo consultado por chefes de governo, estadistas, homens de negócios.

Calou-se por alguns segundos, e observando que eu o ouvia com atenção, continuou:

— Eu era o líder, o homem que conhecia a fundo o mundo dos negócios e a astúcia de impor-se, encontrando soluções para as crises, saindo das armadilhas comerciais com atitudes inesperadas e inteligentes. Para isso eu governava com mãos de ferro. Colocara meu objetivo na conquista desse poder, e tudo quanto se dissociasse dele não me interessava. Todas as minhas forças, todos os meus atos, caminhavam para isso. Foi como um grande homem que fechei os olhos na Terra, homenageado por todos com honras e bandeiras, caixão espelhado por dentro, ricamente recamado de prata. Os jornais lamentavam em grandes anúncios a minha morte. As empresas mandaram rezar missas, apesar da minha condição de materialista, aproveitando-se de que eu não podia impedir. Pensavam salvar minha alma de herege.

Tirou o pincenê, passou um lenço em suas lentes e, recolocando-o sobre o nariz, continuou:

— Não o estou cansando?

— Absolutamente. Continue, por favor.

— É claro que dormi muito tempo entre pesadelos e mergulhos na inconsciência. As idéias embaralhavam-se em minha cabeça, e por mais que eu me esforçasse, não conseguia concatená-las. Eu, que aprendera a arte do raciocínio, desenvolvera técnicas de memorização, que estudara a fundo o comportamento das massas para poder manejá-las, que comandava tudo, não conseguia sequer dominar minhas idéias. Quando finalmente acordei, julguei que, por algum engano qualquer, ainda estava vivo, e que os médicos não estavam acertando com minha doença. Só uma coisa me apavorava: o caixão luxuoso no qual eu às vezes me via deitado como morto. Estava preocupado com minhas empresas e queria voltar para casa. Vi alguns enfermeiros que me queriam convencer a segui-los para um tratamento, mas eu não queria. Precisava voltar aos meus negócios, e de qualquer forma. A situação era estranha. As ruas eram desertas, e por mais que procurasse um meio de transporte, nada conseguia. Para mim, a morte era o fim de tudo. Assim, eu não podia perceber que meu corpo tinha morrido e eu continuava vivo. Em meio a essa exasperação, algumas vozes vibravam no silêncio da minha mente. Queixas e mais queixas, que me surpreendiam, e que eu considerava injustas. Ouvia a voz de minha mulher repetindo:

– Era um egoísta. Só pensava nele. Eu tive de arcar com todos os problemas do lar e dos filhos sozinha!

Eu tentava argumentar:

– Egoísta, eu? Sempre lhe dei respeito, dinheiro, posição, conforto. Por que egoísta?

Depois meus filhos, cada um por sua vez:

– Eu nunca tive pai. Sou órfão de nascença. Nasci num cofre. – Ou: – O dinheiro foi feito para gastar. Vou gastar tudo que o velho me deixou. – Meu pai jamais gostou de mim; tive de aprender a viver sem ele – e assim por diante, surpreendendo-me e deixando-me em triste estado de loucura. Foi minha mãe que um dia conseguiu arrancar-me da triste confusão em que me encontrava. Eu estava muito confuso para entender, mas foi um alívio descansar a cabeça no seu colo e poder gozar de um pouco de calma. Quando me viu melhor ela me contou a verdade, e eu, entre a decepção e o arrependimento, lutei para me ambientar. Novamente o desejo de progredir me acometeu, a vontade de estudar e conseguir resolver meus problemas, agora que eu já conhecia a destinação da vida. Apliquei-me tanto, que em pouco tempo tinha conquistado de novo a lucidez e a ligeireza do raciocínio. Estava ansioso para voltar à Terra. Mas não obtive permissão para reencarnar. O que consegui foi a participação em um grupo de socorro que atua na crosta e assiste os desencarnados em sofrimentos. Fiquei decepcionado, mas não tive outro remédio senão aceitar. O sofrimento sempre me incomodou, e eu fugia dele como o diabo da cruz. Mas o que fazer? Fui. Seria longo enumerar os casos que presenciei, os conhecidos que encontrei e o proveito que tirei desse trabalho, realizado sob a orientação de esforçados assistentes. Mas a surpresa maior me esperava quando obtive permissão para voltar ao lar. Tudo estava mudado. Meu filho mais velho, a quem eu colocara no mundo dos negócios, largara tudo e vivia de rendas, viajando pelo mundo como um cigano. O outro, de posse da herança que lhe coubera, gastara tudo e vivia afogando no álcool e na sarjeta o seu desprezo pelo dinheiro e por mim. Minha filha, casada muito cedo com um homem rico mas muito mais velho, abandonara o lar para viver sem eira nem beira. Minha mulher, esclerosada, entregava-se ao sexo sem disciplina, obrigando os filhos a interná-la em casa de saúde. E o mais incrível, todos me odiando, me acusando, me culpando.

Eu ouvia com atenção. Ele de novo tirou o pincenê, limpou-o pausadamente e prosseguiu:

— Fiquei revoltado. Eu pensava justamente o contrário. Enquanto eu estava com eles, tudo estava nos eixos; assim que ficaram livres, fizeram as besteiras. Eles eram culpados, não eu. Desesperado, tentei dizer-lhes o que pensava, correndo entre eles, ora com um, ora com outro. Tudo inútil. Das empresas, do meu império, nada mais existia, transformadas e divididas por conceitos modernos. Foi em desespero que novamente minha mãe me arrancou da triste situação trazendo-me de volta para uma casa de tratamento. Fiz terapia com um assistente que me fez perceber o quanto me tinha omitido dos problemas dos outros. Eu jamais percebera o que se passava no íntimo dos meus familiares. Eu, que controlava as massas, não tivera percepção das lutas, dos sofrimentos, das necessidades da minha própria família. Foi então que compreendi que fracassara redondamente na tarefa de pai, de esposo, de filho, de irmão, de amigo e de homem de bem. Caí em depressão. Julguei-me um fracassado, mas fui amparado pela solidariedade e pelo carinho dos companheiros, que espontaneamente gastavam seu tempo para me animar, me ouvir e me levantar o ânimo. Senti que era isso o que devia fazer. Mas eu não tinha sensibilidade. Não percebia os problemas morais dos companheiros, e isso me dificultava muito. Assim, fui aconselhado a um Curso de Sensibilização.

– Ah! Que interessante...

– E uma das maneiras é a leitura de peças teatrais, onde analisamos os personagens e, depois, escolhemos um papel para representar em grupo.

– Terapia de grupo? – arrisquei, surpreso.

– É. Acho que é. Eu escolhi aqui um jovem menestrel, sem eira nem beira. Quem sabe, ao representá-lo em nossa reunião, eu possa entender meu filho, que, como ele, leva uma vida irresponsável.

Olhei a fisionomia séria e severa do meu interlocutor. Conseguiria entender tal personagem? Eram tão distantes um do outro, estavam em campos opostos.

– Você acha difícil, mas eu vou tentar. Afinal, preciso progredir, melhorar. Agora deixe-me estudar, tenho um longo texto a decorar.

Concordei com a cabeça, agradeci e saí. Se eu estivesse na Terra, por certo acreditaria visitar um sanatório de doentes mentais. Mas, por outro lado, quantos estão ainda no mundo escravos não só do cifrão como do materialismo, da indiferença, da cegueira à beleza da vida?

Olhei o céu tão azul, senti a brisa suave, admirei o verde maravilhoso das folhas e senti pena dos que não podem ainda perceber a grandeza de Deus, do homem e da natureza. Não pensam como eu?

Apesar de estar por aqui há bastante tempo, sempre me emociona olhar para um jardim florido e perfumado.

Hoje, sentindo a beleza da tarde em declínio, fico imaginando a cara assustada e surpresa dos amigos da Terra, se pudessem de repente passar uma vista de olhos por esta encantadora paisagem.

Parece-me ver o ar de incredulidade:

– Jardim no além, com campos, flores e tudo? Como??!!

E os mais detalhistas, denotando conhecimento:

– Onde encontrar terra no alto das nossas cabeças para plantar? Será que por trás de uma nuvem?

E os comentários dos "cientistas" e intelectuais, acompanhados da incredulidade e do riso, não me permitiriam mostrar-lhes a verdade.

Mas será mesmo verdade? Eu mesmo muitas vezes tive de beliscar-me para comprovar que estava vivo e acordado.

Olhando este jardim, sentindo seu aroma, a frescura de suas alamedas, posso assegurar que, não fossem algumas particularidades, como o brilho luminoso das flores e a delicadeza persistente e penetrante dos aromas, a leveza da brisa delicada, quase compondo música suave no ambiente, eu diria estar na crosta da Terra mesmo, num lindo dia de verão.

Mas não. Eu já desvesti a armadura de carne há anos e, agora, posso usufruir desta maravilha e aspirar longos haustos vitalizantes e extremamente agradáveis do ar deste jardim. Não acreditam? Que pena! Mas o que posso fazer senão contar que isto aqui é uma delícia e lamentar que não estejam comigo?

Apesar de tudo, a Terra é terra para nós e andamos nela, como fazíamos no mundo. Com tal naturalidade que nos esquecemos de perceber que, por uma decorrência do nosso novo estado, não mais temos nossos pés no chão poeirento do mundo. Estamos no Além. Além do quê? Além da imaginação. Isto faz lembrar TV. Mas confesso que agora estou achando a imaginação do homem muito pobre. Se vocês soubessem o que se pode ver por aqui!!

É que aí o homem materializa parcela mínima do seu potencial. Tudo é mais difícil, dada a densidade material. Mas aqui, aquele que tiver criatividade e descobrir o jeitinho de utilizá-la, fará coisas do arco-da-velha, superando em muito a mais arrojada ficção do homem terreno.

Mas é assim mesmo. Dizem os nossos instrutores que, para aprender a utilizar-se de suas próprias forças e conhecer sua própria capacidade, é preciso experimentá-las. Há grupos que se dedicam às mais variadas e inusitadas atividades, e desde que respeitadas as leis sociais da comunidade e o direito do outro, têm liberdade de ação.

Na Terra há os clubes mais diversos; há quem pratique os mais inusitados esportes, colecione selos, chaveiros, estátuas, postais, etc. Aqui também, embora a finalidade seja sempre aquela, principalmente nesta comunidade em que estou agora, de melhorar suas condições com vistas a vencer problemas das últimas vidas na Terra.

Não que viver aí seja mais importante do que viver aqui. Pelo contrário, porque aqui é que a vida assume seu caráter integral. Mas nascer na Terra é como ir a uma guerra, onde se pode matar ou morrer. Vencer ou fracassar. E pode-se até ficar perdido durante muitos anos no sofrimento e na dor.

Mas nós, aqui, reconhecemos que renascer na Terra representa uma boa experiência para aferir nossos valores e acionar nosso progresso.

As fases de vida que vivemos, do berço ao túmulo, favorecem nossa sensibilidade e revelam nossa força interior. Por isso é que há tanto interesse em preparar-se para reencarnar.

Há os que acreditam que devem exercitar tanto as virtudes até transformá-las em reflexos condicionados, de tal sorte que, na densidade da carne, elas se exteriorizem no momento oportuno.

Pena que às vezes, e apesar disso, as paixões e as lutas inesperadas fazem surgir, em vez delas, impulsos selvagens adormecidos, e o treinamento se torne inútil. Eu disse pena, força de expressão, porque sempre chega um momento em que a vida arranca o véu e a verdade de cada um se revela.

Mas os jardins são lindos. Posso andar por suas alamedas e posso até dizer aos meus amigos incrédulos que a energia aqui criou para nós condições de vida tão reais que eles nunca me acreditariam.

Depois do jardim, o campo, e sentado à beira da estrada, um homem, enxada ao lado, pensativo. Aproximei-me alegre:

– Boa tarde.

– Boa tarde.

– Que beleza de lugar! Estou encantado com este jardim.

Ele olhou-me um pouco desconfiado. Querendo ser amável, indaguei:

– É o jardineiro?

– Sou. Trabalho aqui.

– Ajudou a fazer este jardim?

– Eu?! Não. Sou só ajudante. Tenho a incumbência de cuidar das plantas, tirando o mato e regando.

– Ah! – observei curioso. – Mato? Não tinha pensado nisso. Pensei que não tivesse mato por aqui.

– Por que não? Todo jardim tem mato.

Lembrei-me que a mentalização do nosso plano reflete a experiência da Terra. Seria por isso.

– Deve ser muito agradável trabalhar aqui – tornei, com um sorriso. Ele deu de ombros.

– É o que me deram para fazer. Não me queixo. Sei que preciso submeter-me à disciplina. Preciso melhorar.

— Parece que não gosta muito daqui.

— Não é isso. Estou lutando para me acostumar. Mas se quer mesmo saber, gostaria de estar em outro lugar. Fazer algo mais ativo, mais dinâmico.

— Como assim?

— Isto por aqui é muito parado — levantou-se, olhos brilhando. — Na Terra, sempre morei na cidade. Sou da era moderna, do cimento armado, do progresso. Esse negócio de jardim, plantinhas e flores só é bom para criança, mulher e velho. Mas eu estou na melhor forma física.

— Pelo visto, não escolheu esta atividade.

— Bom, escolher eu escolhi, mas não por prazer. Sou da velocidade, do som e da máquina voando, a secura na boca, a ânsia, a emoção! Isso é vida!

Eu estava admirado.

— E por que agora escolheu coisa tão diferente?

— Por necessidade. Um dia, um defeito qualquer, uma pequena falha na máquina e o desastre. Fiquei como louco. Deixei o corpo aos 35 anos, em plena saúde física, uma jovem esposa, um filho de três anos. Foi uma loucura. Minha mãe definhou até abreviar seus dias com insidiosa moléstia cardíaca. Meu pai abandonou os negócios e entregou-se à depressão, bebendo de quando em vez para esquecer. Eu era o único filho homem e tinha uma irmã menor. A vida da família parou depois que eu parti. A esposa foi a única que refez a vida, desposando outro homem, me esqueceu. Fiquei atormentado. Não esperava encontrar o que encontrei. Estive muito doente. O estrondo da máquina ficou durante muito tempo na minha cabeça, e ainda hoje, tantos anos depois, quando me aborreço, o ouço de novo.

— Deve ter sido muito doloroso — aduzi, solidário.

— Foi. A mudança foi muito violenta. Experimentei anos e anos de loucura quando perambulei pela Terra querendo retomar o fio da vida que eu rompera antes do tempo pela minha loucura. Mas como você deve saber, não era possível. Gastei vinte anos nessa atitude inglória. Queria ajudar minha mãe, aproximar-me dela, mas a via abatida; pedir perdão a meu pai, mas, também, só conseguia afundá-lo mais na depressão. Odiava minha mulher, a quem culpava de traição, e várias vezes ataquei meu rival, provocando-lhe medo e às vezes até impotência. Mas Celeste, minha ex-mulher, suspeitou da minha presença e foi a um Centro Espírita. Tentei impedi-la. Sentia um medo horrível, não sabia do quê. Quebrei o carro dela, levei amigos a sua casa na hora de sair, tudo inútil. Ela foi. Lá eles a receberam com carinho e, para minha surpresa, deram-lhe razão, não a consideravam adúltera. Revoltado, notei que eles não mais aceitavam minha influência e passaram a viver melhor. Um dia, eu também fui lá tomar satisfação, exigir o que eu achava de direito. Minha mulher me tinha traído. O rival abraçava meu filho como dele, e eu estava esquecido. Percebi que havia uma pessoa que sentiu minha presença e aproximei-me dela. De repente recobrei as forças, como quando estava na carne. Foi uma sensação de desafogo. Pude gritar minha dor, a desilusão, a revolta, o desespero, meu drama. Reclamar meus direitos. Mas, então, alguém conversou comigo, falou-me da vida eterna, do bem, da necessidade de perdão. Orou por mim, e bendigo a hora que aquele coração generoso me amparou. Chorei. Senti que por um capricho jogara fora minha vida, vi minha infância tão querida, os pais que tudo me deram, a jovem que me deu toda sua ternura, que suplicava que eu abandonasse as pistas de corrida e orava sempre enquanto eu arriscava a vida inconseqüentemente. Senti que ela tinha o direito de amparar-se e a meu filho no amor de alguém que pudesse conduzi-la pelos caminhos do mundo, já que eu a abandonara pela minha leviandade. Vi meus erros, arrependi-me sinceramente. E, no aconchego daquela casa humilde, onde eu encontrara alívio e socorro, pedi para ficar.

Fez ligeira pausa, e vendo-me atento, prosseguiu:

– Durante mais de dois anos assisti às palestras de Evangelho, às sessões mediúnicas, onde vi e aprendi muito com a experiência dos outros. Aulas sobre a vida espiritual, e a cada dia mais e mais percebia e extensão dos meus erros. Quis ajudar, fazer alguma coisa, então os nossos instrutores me aconselharam a vir agasalhar-me aqui nesta comunidade para preparar-me para uma nova encarnação.

– E por isso está aqui.

– É. Mas não sei quando poderei voltar. Sabe, eu sou ainda muito dinâmico. Quero fazer tudo depressa. Tenho de desenvolver a paciência e a calma. Viver cada minuto. Aprender a valorizar a vida.

– Faz tempo que cuida do jardim?

– Cinco anos. Mas confesso que ainda não consigo ver a beleza que você vê. Acho tudo monótono. Nada acontece.

Olhei aquela maravilhosa manifestação de vida, cheia de cores, perfume, movimento, ação, beleza. Por que ele não conseguia ver? Como mostrar? Calei-me. Com ar triste, ele completou:

– Eles me disseram que esta experiência me faria bem, e eu quero melhorar.

– Por quanto tempo ainda ficará aqui?

– Acho que tão cedo não sairei. Tenho um canteiro onde devo cultivar meu próprio jardim. Mas acho que não tenho jeito pra coisa, porque me esforço, planto, mas ele não vai pra frente, e as pragas, as doenças, dizimam tudo. Enquanto não conseguir que elas vicejem, ficarei por aqui experimentando. Afinal, o que eu quero mesmo é voltar à Terra e não escorregar – sorriu parecendo animar-se. – Agora vou voltar a trabalhar.

Sobraçou a enxada e se foi, balançando seu corpo forte e passando a mão pelos cabelos revoltos.

Olhei a paisagem bucólica e agradável. Será que se eu estivesse ainda na carne poderia enxergar?

As grandes aventuras da vida começam, por vezes, impensadamente. O gesto inesperado, o momento imprevisto, a ocasião especial, e eis que mergulhamos sem pensar na maratona das sensações, na experiência viva dos sentimentos.

Será isso uma decorrência da nossa imprevidência? Ou será a ânsia de mudar, de crescer ou de experimentar? Não posso dizer porque até agora ainda não consegui entender. Observando certos casos por aqui, fico a pensar por que uma pessoa racional, instruída, aparentemente equilibrada, consegue enveredar pelos difíceis caminhos dos vícios que por certo conduzem ao desespero e à loucura.

Vocês estranham meu modo de falar? Se tivessem visto o que eu vi, iriam por certo compreender.

Na verdade, se o drama das drogas destrói o equilíbrio físico e acaba cortando a própria vida na Terra, o caso se torna mais grave depois que o espírito, livre do corpo, continua preso e dependente dos alucinógenos. Vocês sabiam que, nesse processo, o cérebro consegue embaralhar as imagens, subvertendo a ordem natural que estabelece a memória e a lucidez e, por isso, na mente do corpo espiritual as imagens e os fatos de vidas passadas se misturam ao presente, ocasionando a loucura?

Vocês já imaginaram anular a bênção do esquecimento do nosso passado mais remoto e rever passagens difíceis? Fico arrepiado só de pensar...

Explicou-me um assistente amigo, habituado a socorrer esses casos, que o primeiro engano do viciado é que ele sai para a aventura da "viagem" a outra dimensão, mas ignora que essa dimensão seja dentro dele mesmo, numa introspeção que não seria tão dolorosa se nosso passado fosse equilibrado, mas que pode ser, e sempre é, apavorante. Vocês sabiam que à medida que se toma maiores doses é que se mergulha mais e mais nas profundidades do tempo?

Estou falando sobre isso porque fui convidado para visitar um campo onde se recebem esses espíritos para recuperação.

É um lugar maravilhoso, muito sol, muito verde, muitas flores. Só destoam do lugar os homens pálidos e as mulheres esquálidas, que transitam por ali amparados por enfermeiras diligentes e atentas, muitos deles parecendo em estado de hipnose. Confesso que me comovi, porque a maioria não aparenta ir além da casa dos trinta anos. Alguns, já melhores, olhos tristes, guardando ainda a palidez, mostravam no rosto macerado um ricto de amargura.

Com a devida permissão, saí para um giro pelo magnífico jardim, desejoso de buscar respostas para as indagações que me acudiam à mente. Afinal, de quem era a culpa?

Alguém deveria ser responsável pelo mergulho de um jovem, de um ser humano, no drama doloroso do vício. Tive a atenção despertada por um moço, olhos inteligentes, cabelos castanhos e revoltos, que sentado frente à pequena mesa em delicioso recanto, escrevia em um caderno. Seu rosto sério denotava concentração. Fiquei observando-o um pouco, depois aproximei-me com gentileza.

– Bom dia. Gostaria de falhar-lhe alguns minutos.

Ele olhou-me com certa indiferença:

– Sobre o quê?

– Com licença. Vou sentar-me aqui. Sou repórter, escrevo para os amigos da Terra.

Ele olhou-me com certa incredulidade:

– Da Terra? Que eu saiba não há correio para lá. Eu mesmo até agora não consegui corresponder-me com ninguém.

Sorri.

– Acho que não soube me explicar. Eu escrevo para a Terra através de um médium. É um correio maroto, mas não dispomos ainda de outro recurso.

– Isso é bobagem. Nunca acreditei nessas besteiras de Espiritismo.

– Não quero convencer ninguém, nem falar sobre Espiritismo. Mas acredite, é através de um médium que eu me correspondo com a Terra.

– Isso me parece muito fantasioso.

– Mas não é. Você sabe que quando chegamos aqui, todos desejamos contar a eles o que nos aconteceu. O que é difícil, porque a maioria não consegue nos ouvir. Mas há os que são dotados de sensibilidade apropriada, e quando conseguimos permissão e sintonia, podemos transmitir nossas idéias e notícias.

– E tem conseguido?

– Tenho. Por isso estou aqui. Gostaria de contar a eles como é a vida do lado de cá, ilustrando com casos reais.

Ele ficou pensativo, rosto entristecido.

– Para quê? Só podemos contar tristezas. A vergonha não nos permite desnudar nossos atos passados.

– Vergonha? Eis um sentimento doloroso que não ajuda em nada.

– É, mas não posso evitar.

Olhei-o e me comovi. Era um belo jovem, alto, rosto bem-feito, olhos expressivos.

– O erro pode levar-nos ao enriquecimento do espírito pela experiência vivida. Só a dor amadurece e imuniza para o futuro.

– É verdade. Mas veja bem, quando eu estava na Terra ouvi várias teorias para explicar o mergulho nas drogas. Todas nos colocavam na posição de vítimas sociais, e atiravam a responsabilidade nos outros.

– Como assim?

– Uns, porque os pais eram separados, ou não viviam bem, outros porque não eram aceitos pelo meio, outros porque tinham traumas da infância. Havia até os que achavam que esse trauma viera do tempo da geração do corpo, e havia também os que falavam em QI superior à média como causa do desajuste.

Interessado, inquiri:

– E você, o que acha?

– Eu acho que não somos vítimas, mas responsáveis. Durante muito tempo usei esses conceitos como escudo ou pretexto. Explorei-os ao máximo. Tirei proveito deles despudoradamente.

– De que forma?

– Veja você o meu caso. Filho de pais amorosos, compreensivos, amigos, classe média alta, apesar de ter mais duas irmãs, tinha tudo. Afeto, atenção, boas roupas, freqüentava bons ambientes, bom colégio. Além do quê boa aparência, saúde, era o que se podia chamar de bonitão. Mas mesmo assim, sem trauma nem desgosto, entrei na aventura.

– Como foi? Alguém o induziu?

Ele olhou-me com certo ar irônico.

– Vê! Você também procura atenuantes. Acha que eu forçosamente teria sido influenciado por algum traficante ardiloso. Entretanto, por incrível que pareça, nem essa defesa eu tenho. Acho que fui arrastado pelo meu orgulho, pela vaidade. Só eu tenho culpa, só eu sou responsável pela minha derrocada. A primeira vez que vi um grupo de jovens fumando maconha eu tinha treze anos. Vi-os, sob o efeito da droga, realizar proezas, principalmente com mulheres. Quis experimentar, e me lembro que eles relutaram. Eram mais velhos e várias vezes me alertaram. Diziam que eu era criança e que era melhor não começar. Mas eu, cada dia, ficava mais atraído. Até que um dia consegui. Inútil dizer que a experiência não foi muito agradável, mas foi excitante, e eu continuei, guardando comigo a intenção de usar apenas algumas vezes e largar. Eu achava que era forte, e se quisesse largar, largava. Mas acontece que não larguei. No começo tudo era novidade, e eu gostava da euforia que me fazia sentir como um semideus. Guardava a impressão que conhecia mais do que os outros. Era superior. Porém, com o tempo, a dependência, o orgulho sufocando o medo, a necessidade sempre maior, as picadas, a falta de dinheiro, o abandono da escola, os truques para conseguir a droga, o mercado abominável do qual você acaba participando, o horror, o medo, o irreal tomando o lugar do real, as alucinações, a perversão dos valores, os psiquiatras que a família coloca em nosso caminho, onde comparecemos como vítimas, porém sem vontade real de sair da dependência. Depois a loucura, o terror, a morte, e aí então o mergulho na lucidez, em meio às hediondas crises que não se pode minorar.

– Há quanto tempo está aqui?

– Há quase dez anos. Agora estou melhor. As crises ainda aparecem, porém eu as aceito com paciência. É a única forma de eliminar os resíduos da intoxicação passada e de reequilibrar meu sistema nervoso.

– Pelo que vejo, tem progredido bastante.

– Não tanto. A solidão é dura, e eu não sei ainda por quanto tempo terei que suportá-la. Tive tudo e joguei fora. Lar, amigos, amor, carinho, posição, tudo. Deixei a Terra aos 35 anos, depois de arrasar com a alegria dos meus. Agora não quero perturbá-los mais. Preciso recuperar-me. Depois que estiver bem, quero trabalhar muito para torná-los felizes. Mas, para isso, já fui informado que terei de reencarnar na triste condição de orfandade. Tudo me será dificultado para que eu aprenda a valorizar o que atirei fora.

Olhei-o com respeitosa admiração.

– Vejo que é corajoso. Acho que vai conseguir.

– Eu espero, apesar de saber que serei portador de disritmia cerebral e de algumas imperfeições neurológicas. Com a graça de Deus, ainda tenho algum tempo para melhorar, e espero que essas deficiências até lá possam ser minoradas.

Olhei-o com admiração.

– O que gostaria de dizer aos jovens da Terra?

– Que assumam a responsabilidade de suas vidas. Que não atirem o peso das suas fraquezas sobre os outros, principalmente sobre os pais, que já lhes deram a oportunidade de viver! E que lutem, lutem mesmo, contra o orgulho, a pretensão, o desejo de ser o melhor, de saber mais. Tudo isso é ilusão. Nossa força está em resistir ao mal, não em utilizá-lo. Ainda um lembrete. As leis de Deus são muito velhas, antigas, mas representam a perfeição e ensinam a verdade. Que eles as estudem, essa é a verdadeira força. Agora eu sei. Se me permite, vou continuar a escrever.

Afastei-me. A vida também é uma grande aventura. Eu não esperava, ali, aprender o que aprendi.

Olhando aqueles rostos lívidos que passavam por mim, alheios à beleza da vida, senti a consoladora certeza de que um dia, enriquecidos e serenos, à luz da bondade e do amor de Deus, eles também serão felizes.

Não acham que a vida é maravilhosa?

Vocês já ouviram falar em sufrágio? Certamente que sim. É até uma palavra bastante usada na Terra. Mas, aqui onde eu vivo, nesta dimensão, soou-me um tanto estranha.

O povo aglomerava-se na praça, e segundo pude observar, era isso mesmo. Haveria um sufrágio.

Bem, aí eu quis ver como era isso. Pensei que votação, política, eleições, só existissem em nosso querido mundo, e me recordo dos políticos, suas disputas, seus comícios, sempre tão pitorescos.

Apressei o passo, porque não queria perder nada. Fiquei pasmo. Um palanque fora armado no meio da praça, e lá, um grupo de pessoas assistia e ouvia a um homem que, do palanque, rodeado por correligionários, falava com fluência e entusiasmo.

Parei e procurei entender o que ele dizia. Ao largo do palanque, na parte inferior, um cartaz com os dizeres: Alistamento. Fiquei curioso. Alistamento para quê? Mas o melhor seria mesmo ouvir o que ele estava dizendo:

– Meus correligionários. É preciso ser previdente. É preciso pensar no futuro, no nosso futuro. O que nos espera? A vida na Terra, sem apelação ou revolta. Todos nós um dia vamos enfrentar a dor de renascer! Os tristes meses da elaboração do novo corpo, as limitações do desenvolvimento na infância. Quem não se recorda com horror dos momentos terríveis que vivemos, ficando na dependência dos pais da Terra, que jamais conseguem perceber do que precisamos ou o que nos é necessário? Eles nos conduzem à insegurança, aos erros de outras vidas, ou truncam nosso programa tão exaustivamente elaborado antes do nosso nascimento! Não!... Enfrentar nova vida na Terra, não!! O túnel estreito do esquecimento, enfim, quem ainda se sente com tanta coragem?

Eu estava intrigado. Jamais vira a reencarnação por aquele ângulo. Fiquei um pouco assustado, e confesso que um frio me passou pela espinha. De fato, a reencarnação é problema sério. Ele continuava:

— Sem falar dos professores nas escolas, que nos fazem perder um tempo enorme com coisas sem importância, que somos forçados a engolir porque estamos contidos em um corpo ainda em adaptação. E, depois, quando poderíamos estabelecer um lar conforme as nossas necessidades espirituais, tem sempre um amigo, um "parente" ou mesmo os pais que nos confundem as idéias ainda embotadas e nos induzem a um casamento "conveniente" à moda da Terra. Chega! Basta! E nem para morrer temos paz. Existe o médico que ainda não conhece as nossas reais necessidades e nos mata, querendo ajudar a viver; às vezes acha que está sendo misericordioso "aliviando" a dor, apressando o desenlace. Sem falar das piadas e gracinhas nos enterros, sem nenhum respeito ao nosso desvalimento, ali, expostos no processo de desembaraçarmo-nos das carnes que vestimos. Não. Agora tudo será diferente. Se votarem em mim, eu saberei como ajudá-los nesses transes. Minhas idéias não podem falhar.

Eu estava tão admirado que queria descobrir o que significava tudo aquilo. Aproximei-me de um senhor que na entrada do palanque ouvia embevecido e perguntei-lhe em voz baixa:

— O senhor pode dar-me um pouco de atenção?

Olhou-me admirado e tornou:

— Psiu. Não vê que agora é impossível?

Olhou-me de tal forma que me senti como um criminoso. Afastei-me para um canto, mais disposto a obter a informação desejada. Uma senhora ao lado pareceu-me simpática, e arrisquei:

— A senhora poderia dar-me um pouco de atenção?

— Claro — tornou ela, olhando-me com ar tranqüilo.

– O que está acontecendo aqui?

– É um comício.

– É. Isso eu já percebi. Mas vai haver eleições?

Ela sacudiu a cabeça, interdita.

– Acho que vai.

– Interessante. Para quê?

– O senhor não sabe?

Sacudi a cabeça negativamente, e ela continuou:

– Bem, a história começou há alguns anos e agora parece que chega a um ponto importante.

– Como assim?

– Nosso orador, em sua última encarnação, foi político na Terra, onde conseguiu realizar carreira brilhante que o teria conduzido ao posto de chefe da Nação se ele não tivesse usado mal sua força de persuasão. Contam aqueles que o conheceram no Brasil que quando falava empolgava as massas e conseguia sempre ganhar as eleições. Era o rei do sufrágio. Esse foi o apelido colocado por alguns oposicionistas das suas idéias. Porém, quando chegou aqui, sentiu-se triste, e a vida lhe parecia muito vazia; então resolveu criar um partido. A princípio ninguém lhe deu atenção, mas depois, aos poucos, o povo foi-se aglomerando para ouvi-lo, e suas idéias começaram a ter adeptos. Luta por uma reencarnação mais humana e por mais equilibrados.

Não me contive e perguntei:

– Ele tem oposição? Se vai haver eleições, para que será?

– Não sabemos ainda se vai haver, mas vendo que ele conseguiu aglutinar forças e muitos o seguem, outros também começaram a fazer comícios, e assim as idéias começaram a tomar corpo.

Eu estava curioso.

– De que forma?

– Por exemplo: há um outro político que não concorda com ele e prega uma reencarnação mais realista, onde se possa aprender mais. Para isso, acha a dor elemento indispensável quando diz: "O que são alguns anos de dor na Terra se com eles alcançamos nosso objetivo com mais rapidez?".

– Acho que tem poucos adeptos – arrisquei, na convicção do comodismo que trazemos.

– Até que não. Sabe, aqui tudo se nos apresenta fácil e simples. O difícil é lá.

– É mesmo. E as autoridades, o que dizem?

– Consentem que se exercitem como treinamento.

– Ah! – fiz, pensativo.

Nosso homem continuava veemente:

– Se votarem em mim, eu prometo que darei cobertura a todos os passos que derem quando da próxima reencarnação na Terra. Eu e meus correligionários estamos treinando assistentes para acompanhá-los. É uma garantia à realização dos nosso objetivos e do sucesso da nossa reencarnação. Quem poderia oferecer o mesmo? Enquanto outros acenam com a dor, o sofrimento, eu aceno com uma reencarnação melhor orientada, supervisionada, pois meus técnicos sabem inspirar pensamentos com perfeição e irão envolver todos que forem responsáveis por cada um. Assim o sucesso será garantido.

Alguém gritou:

– Quem nos garante que você também não irá renascer?

Ele respondeu seguro:

– Fui informado que minha presença ainda é necessária aqui por dois séculos, mas se houver uma modificação, qual será minha garantia senão meus homens, dedicados amigos que tão bem quanto os senhores poderão assistir-me? Se eu tivesse de reencarnar amanhã, me entregaria sem medo, com meus homens na retaguarda!

– Muito bem! Muito bem! Apoiado!

Foi aí que reparei na sua fisionomia, e a luz se fez em minha mente. Claro, quem poderia ser senão ele? Olhei e vi a um canto conhecido amigo espiritual que observava calmamente a cena. Aproximei-me dele, e depois das saudações de praxe, indaguei:

– Continua o mesmo, ainda aqui?

– O que quer, meu amigo? – respondeu-me ele, sorrindo. – Afinal, tudo continua.

– Mas ele está prometendo coisas que não vai poder cumprir.

– O que fazer? Sempre há os que querem ouvir e esperam que os outros façam o que lhes compete.

– Como assim?

– O esforço da evolução. A modificação. Assim como há os que pretendem buscá-la com o menor esforço, através de favores dos políticos, copiando os vícios que mantinham na Terra, há os que se prevalecem disso, explorando a brecha, para tentar manter sua posição de poder e de domínio.

Olhei admirado o nosso orador sendo abraçado e cumprimentado pelas pessoas presentes e a fila que se formava ao lado, perto de uma pequena mesa, onde um correligionário anotava os nomes e as adesões, procedendo ao alistamento.

– É incrível – comentei, admirado. – Apesar de tudo, ainda consegue obter adeptos.

O assistente ponderou, calmo:

– Esse é um dos seus talentos.

– Isso não preocupa nossos diretores? Não irá ele conduzir essas criaturas ingênuas a novos erros? Alguns poderão tornar-se fanáticos.

– É. Mas os líderes também evoluem. Assim, os que desenvolveram o próprio carisma, e o usam em proveito próprio, nada mais fazem senão aprender para o futuro.

– Ele?

– Também. Alicia pessoas para sentir-se poderoso sem perceber que assume a responsabilidade quanto ao futuro delas.

– Mas quanto ao sufrágio, vai ou não acontecer?

– Depende deles. Se resolverem fazê-lo, é um direito que nossos maiores reconhecem e não vão impedir.

– E se ele quiser realmente supervisionar as reencarnações?

O assistente sorriu, alegre:

— Seria uma maneira de eles aprenderem. Quantas vezes corremos atrás de um objetivo e a vida nos conduz a outro? Cada um tem o direito de experimentar para aprender. E, depois, meu caro amigo, que melhor maneira de reconduzir ao caminho do bem aqueles que desviamos senão trazendo-os ao nosso convívio e sob nossa orientação?

Fiquei pensativo.

— Quer dizer que os líderes continuam líderes sempre?

— Certamente. A não ser quando eles mesmos, por abusos, se tornam temerosos e pleiteiam reencarnação, onde se lhes bloqueia essa característica.

— De que forma?

— Nascendo como idiotas ou excepcionais, o que algumas vezes é motivo de muito sofrimento, porquanto o grupo que estava ligado a ele continua a assediá-lo mesmo assim.

Senti um arrepio de horror. Não, eu não dou para a política. Meu temperamento é outro. O assistente concluiu:

— Não se preocupe. Depois de uma reencarnação dessas quase sempre retornam à liderança e, mais equilibrados, tentam ajudar os que a ele se ligaram. As promessas formam vínculos que só se rompem à medida que vão sendo cumpridas.

Olhei o grupo que se movimentava ainda, com mais respeito. Afinal, o sufrágio é coisa muito séria mesmo. E, pensando bem, considerando minha última vida na Terra, minhas andanças do lado de cá, não escolhera um grupo para me alistar? E você, meu amigo, já pensou em que grupo está sufragando? Ou será que o nome a ser sufragado é o seu?

Essa história de sufrágio deu voltas à minha cabeça, não acham?

Sabem de uma coisa? De agora em diante, por via das dúvidas, vou votar no nome certo. Sabem qual o meu candidato? É o J.C., sem dúvida. Não acham que assim estou seguro?

Ontem foi domingo e eu aproveitei para ir a um museu. Sim. Aqui também descansamos aos domingos e buscamos a recreação como derivativo dos problemas do cotidiano.

Não acreditam? Acham que fantasma não tem mais problemas? Enganam-se, por certo. Eles nos buscam o coração, em todo lugar, fazem parte de nós, e aqui se tornam mais evidentes.

Mas o museu que escolhi para visitar é muito curioso. Localizado em belíssimo prédio em grande parque, possui vários departamentos, onde se pode conhecer História Natural, História da Civilização Extraterrena e até as origens remotas dos agrupamentos humanos que reencarnaram na Terra. Há uma seção da História das Religiões e da Revelação Divina, e eu não saberia enumerar tudo porque ainda não consegui percorrê-lo inteiramente.

Mas o que eu gostaria de relatar é o sistema diferente que existe por aqui. Os visitantes adentram às salas em grupos, e elas se fecham, começando então as demonstrações da sua matéria. As luzes se apagam e depois, como se estivéssemos em um teatro, ou participando da cena, assistimos ao vivo ao fato que desejamos conhecer. E o curioso é que a cena é tão real que nossas emoções afloram, como se estivéssemos presentes no momento do acontecimento, reagindo, sentindo o olfato, a atmosfera, tudo.

Assisti ao Sermão do Monte, proferido por Jesus, e confesso que as lágrimas de emoção e a profunda reverência pela figura humana do Mestre me banharam o coração enternecido.

Ah! Como explicar esses momentos de introspecção e ternura? Como descrevê-los?

Vi também Moisés, e apesar de a tradução ser bem-feita, não senti a mesma coisa. Ele me pareceu assustador, e seu magnetismo era tão forte que me senti como um pássaro atraído por uma serpente, e aqui a serpente não vai como um ser atrasado, mas apenas como pólo de atração magnética. Estarei escandalizando? Mas foi o que senti.

Chorei com a doçura de Maria Nazaré quando a vi ninando o filho querido nos braços.

Já pensaram o que sentiriam se de repente vocês se encontrassem em uma sala com ela, podendo sentir o hálito da sua respiração, o cheiro de sua habitação, ver sua radiação luminosa e penetrar até seus pensamentos?

Vocês pensariam que tudo estava acontecendo naquele momento e que eles estivam ali, ao vivo. Mas, na verdade, trata-se apenas de um museu, cujo processo eu não saberia explicar como funciona. Dizem nossos maiores que a percepção dos visitantes não é semelhante para todos. Ela varia conforme as aquisições e o desenvolvimento de cada um.

Discordei a princípio, mas depois compreendi que, mesmo na Terra, ao assistir um espetáculo, cada um vê e percebe coisas diferentes, fixando-se em determinados pontos, mais ou menos.

Aqui não poderia ser diferente. Mas esse museu é algo extraordinário. Gostaria que vocês pudessem visitá-lo.

Uma das curiosidades dele, e que muitos procuram, é assistir aos fatos históricos da época em que viveram na Terra, para compreender melhor os acontecimentos do seu tempo. Sem os artifícios e os enganos que os envolveram.

Há, ainda, os que, no estudo das probabilidades, buscam uma curiosa seção do museu onde os acontecimentos são previstos para o futuro e onde são demonstrados de várias formas, conforme as variáveis de comportamento humano que irão influenciar, que você escolhe e coloca para conhecer os resultados.

Eu também quis ver o futuro do nosso querido Brasil e adentrei uma cabina, individual, onde um painel de cerca de um metro de diâmetro se encontrava na parede, e embaixo, botões variados com ano, lugar, área, e as listas de influências variáveis e o resultado.

Entusiasmado, comecei a brincadeira. Situei no Rio de Janeiro, ano 2000, centro da cidade, e deixei ao Natural, mas o resultado não aparecia, até que comecei a acionar a lista das variáveis. Então sim o painel acendeu-se e, eu, emocionado, vi um Rio de Janeiro diferente. Por incrível que pareça, mais calmo, povo mais tranqüilo, muito calor e pouca roupa, poucos automóveis e muita paz. Senti-me realizado. Por alguns segundos conduzira o destino da minha Terra e o fizera muito bem. Se eu fosse o governador, já pensaram como eu transformaria aquela cidade?

Mas esqueci-me de dizer que, ao colocar as influências variáveis, eu escolhi trabalho, honestidade e amor. Não é uma fórmula sábia?

Mas esse museu é uma atração incrível. Gastei lá, sem perceber, todo o meu tempo de lazer, e só desisti quando deu o sinal para fechar. Por certo os artistas merecem o descanso nas ondas vivas do tempo.

Fui saindo ainda meio fora da realidade, perdido nas minhas emoções e embalado pelo parque frondoso. Demorei tanto que, ao me aproximar do portão de saída, o porteiro, impaciente, me instava a sair.

Apressei-me.

– Desculpe o atraso.

– O sinal avisava que alguém ainda estava aqui, mas eu não consegui localizá-lo. Não sabe que temos horário e que preciso ir-me embora?

Sem jeito, qual menino apanhado em falta, atravessei o portão e tentei explicar:

– É a primeira vez que visito o museu. Perdi a noção do tempo.

– É, mas nosso sinal avisa sempre com antecedência.

– Desculpe. Não desejava causar transtorno.

Ele não respondeu. Limitou-se a fechar a porta da sala ao lado do portão e saiu por sua vez, cerrando-o com gestos precisos.

Olhei-o curioso. Homem aparentando uns 45 anos, alto, rosto moreno, boné, roupas simples, figura semelhante à de um trabalhador da classe operária. Sério e compenetrado, mas com certa impaciência no olhar.

– Está aqui há muito tempo? – perguntei, querendo iniciar uma conversa.

– Estou – respondeu lacônico.

E sem mais, começou a andar. Acompanhei-o.

– Importa-se se eu o acompanhar?

Ele deu de ombros.

– Sabe, sou repórter – ajuntei, procurando observar-lhe as reações. – Escrevo para a Terra.

Ele parou e olhou com incredulidade:

– Não acredito!

– É verdade.

– Não me venha com essas histórias. Sei que esse correio não funciona.

– Engana-se. Não é dos melhores, por certo, mas como é o único possível, eu me utilizo dele.

– De que forma?

– Usando um médium.

Expliquei-lhe mais ou menos o processo. Ele pareceu divertir-se.

– É curioso. Acha que eles vão levar a sério? Se eu estivesse lá não acreditaria.

– É. Acho que muitos não acreditam. Mas, sabe, eu acho que a limitação é deles. Eu me sinto muito feliz em relatar o que vejo por aqui. Depois, posso observar o que acontece. É como um jogo. Emociona, mas eu tenho permissão dos nossos maiores e não posso dizer só o que eu quero. Há a censura.

– Logo vi. Na Terra achamos que, ao morrer, vamos nos libertar de tudo quanto nos oprime, mas ao chegarmos aqui, vamos perceber que tudo continua na mesma. E eu posso dizer que fica até pior. Lá eu estava acostumado, desde que me tornei adulto, a fazer o que queria. Aos catorze anos saí de casa para não suportar as imposições do meu pai e o palavrório de minha mãe. Levei vida livre. Trabalhava duro, é verdade, mas sempre fiz o que quis. Era livre. Ninguém me dobrava. Nem patrão, nem família, nem mulher, nem amigos. Era dono de mim.

Olhei-o curioso. Estava como que modificado. Em seus olhos havia novo brilho.

– Foi feliz? – aventurei.

Ele parou um pouco, pensativo. Continuamos a caminhar, e ele continuou.

– Feliz? Agora acho que fui, mas, naqueles tempos, eu não me dava conta. Não conseguia parar. Estava sempre insatisfeito e procurando novidades. Era trabalhador, conseguia emprego sempre, mas não parava muito neles, ansiava mudar. Assim como mudava de emprego, mudava de mulher. Com isso tive vários filhos com diferentes mulheres, sem que a insatisfação íntima fosse afastada. Isso me perturbou muito. Sempre quando eu iniciava um emprego ou um amor, parecia-me afinal ter encontrado o rumo definitivo, mas algum tempo depois vinha o tédio, a desilusão, o anseio de mudança. Isso começou a me tornar muito infeliz, principalmente porque os outros não confiavam em mim, chamando-me de orgulhoso e fútil. Acabei a vida na Terra pobre, só e desiludido. Cheguei aqui completamente arrasado. Gastei anos no umbral a ouvir as reclamações daqueles a quem eu envolvera na minha leviandade, despertando afetos e compromissos que abandonei, e chorei amargamente o tempo perdido.

– E depois?

– Bom, depois, que podia fazer? Pedi ajuda, trabalhei, e principalmente desejei saber a causa do meu problema íntimo. Descobri, através da ajuda de um instrutor amigo, que eu, durante várias encarnações, quando tivera posição e dinheiro, me habituara a exigir tudo dos outros sem nada dar em troca. Assim, viciando os centros da afetividade, não encontrava mais prazer em dar, e ao mesmo tempo fechando as comportas das energias vitalizantes da vida que renovam e alimentam o espírito, fui ficando fraco e sem capacidade de absorver as forças vitais superiores. Procurava nas satisfações materiais o que só as aquisições soberanas do espírito me poderiam dar.

— E agora? Você me parece conhecer bem o seu problema.

— É. Tenho procurado estudá-lo. Por agora faço um curso de desenvolvimento da Paciência que me tem ajudado a compreender muitas coisas.

— Que interessante! Como é esse curso?

— Não percebeu? Sabe o que significa ficar dez horas por dia, ou às vezes mais, como porteiro daquele museu? A monotonia que é ver pessoas entrando, pessoas saindo, horário, rotina, tudo? A princípio pensei não suportar, largar tudo, procurar outra coisa, mas, depois, reconheci que é isso exatamente o que eu preciso. O cumprimento dos compromissos assumidos livremente, a noção de responsabilidade. Então, eu continuo, pontualmente, ali, todos os dias, inclusive aos domingos. E isso exatamente há dez anos e meio; para ser mais exato, há 3.833 dias, 42.526 horas.

Olhei-o com profundo respeito. As cifras sempre me impressionaram.

— Deve ter aprendido muito – aduzi, mais à guisa de consolo.

— Nem tanto. Tenho atravessado sérias crises de impaciência. Hoje mesmo fui indelicado com o amigo.

Fiz um gesto de protesto.

— Mas me esforço, creia. É que é difícil.

— Vai ficar ainda muito tempo nessa tarefa?

– Como porteiro? Bem, não vou pedir demissão. Aguardo que nossos maiores me transfiram, isso é ponto de honra para mim. Acho que cheguei ao meu destino. Tive prazer em conhecê-lo. Apareça no museu quando quiser, e se escrever para a Terra não esqueça de salientar que a paciência é virtude tão importante e difícil de se conquistar que quanto antes procuramos desenvolvê-la melhor será. Adeus!

Acenou a mão e se foi.

Fiquei parado, pensando, pensando. Será que eu teria paciência para ficar naquele portão tanto tempo sem me rebelar? E vocês, seriam capazes?

Em que pese o meu desejo de aprender, naquele domingo eu não estava nem um pouco disposto a fazer qualquer tipo de esforço. Queria vagabundear sem rumo, sentindo a vida, vibrando dentro e fora de mim e numa integração constante e agradável com a natureza, gozar a alegria de viver, de estar bem comigo mesmo, com Deus, com tudo.

Vocês já se sentiram assim? É delicioso podermos registrar a própria força da vida, sem remorsos, nem pena, sem receios ou frustrações. Isso é a vida! Isso é gozar plenamente dos bens que todos podemos desfrutar quando nos integramos às forças maravilhosas da criação.

Pareço lírico? Pode ser. Mas, sinto, sem ser anjo nem nada, a delícia de mergulhar nas energias vivificantes e belas, radiosas e naturais que nos circundam.

Vocês estarão pensando que eu já tenha conseguido purificar-me para tanto, ou que esteja blefando. Posso provar que se enganam.

Na Terra mesmo, no escafandro pesado do corpo, vocês podem gozar os mesmos benefícios. Como? Querendo. Basta querer. E sabem por quê? Porque essas forças de vida, divinas e superiores, estão em toda parte. Fazem parte da criação. Estão no ar que respiramos, nas formas de matéria, nos astros que nos rodeiam.

Duvidam? Posso explicar melhor. Nos vegetais, nos animais, nossos irmãos inferiores, na brisa que passa, na chuva, na água, nos raios solares, nas forças astrais, porque a vida é força divina em ação e jamais pára. Vai transformando os espíritos, elucidando, esclarecendo, mostrando, exigindo, dando, restringindo, tudo, tudo, sob a força do Pai que nos ama e abençoa.

E nós, os homens, não temos essa força, essas energias? Claro que temos, e aí é que entra a nossa parte. É preciso aprender a senti-las, e a mergulhar nelas procurando aprender suas leis de harmonia e de progresso. Acham difícil?

Pois eu não. Já estou descobrindo a maneira de senti-las, e quanto mais consigo ouvi-las ou percebê-las, mais compreendo a bondade de Deus e sua perfeição.

Preciso ser anjo para isso? Não preciso. Preciso ser um homem acordado para os reais valores da vida, para a natureza e para a vontade de progredir. E se eu disse um homem, apesar de ser fantasma desossado e descarnado, características que por vezes fazem um homem, não posso ignorar que ainda pertenço à categoria hominal, não só pela forma e pela aparência, que faço tudo para melhorar e manter, mas porque ainda, algum dia, que eu espero não seja breve, voltarei a vestir o escafandro de carne e a descer com ele ao fundo do mar encapelado do mundo.

Mas sentir a força da vida, a beleza da natureza, respirar a peito aberto, com alegria, as forças vivas que nos rodeiam é delicioso. Já experimentaram? Já notaram como essas forças estão ao redor de nós? Para senti-las é preciso não esquecer que vocês também a possuem. Fazem parte da natureza. Estão dentro de cada um, é só procurá-las. Claro que nas coisas positivas, na beleza, na luz, na alegria, na esperança, na confiança em Deus e no futuro.

Acham que estou feliz? Estou. Hoje, eu quero ser feliz, quero misturar-me à natureza, ao canto dos pássaros, nada fazer senão sentir e observar a doce alegria de viver.

Saí, respirando a largos haustos e me sentindo menino de novo, com o coração cheio de esperança.

As ruas estavam cheias de passantes. Outros companheiros, tanto como eu mesmo, iam e vinham aproveitando as belezas da tarde amena e tão bela.

As casas da nossa cidade são curiosas, e observando o local em que eu estava, podia perceber claramente o estilo colonial português, com seus ladrilhos coloridos à moda da Terra.

As ruas arborizadas e largas, escrupulosamente limpas e os jardins graciosos e floridos, muito à moda do mundo, revelavam o saudosismo de seus moradores ainda presos ao magnetismo terreno.

Enveredei por algumas travessas mais tranqüilas e mergulhei deliciado na beleza e nos detalhes das moradias, das flores e dos jardins. Estava embevecido. Parei sem sentir. Um delicioso perfume de jasmim fez-me recordar a infância, quando havia um jasmineiro na minha rua. Que delícia! Respirei com força.

– Gosta de flores?

Arrancado do meu mundo íntimo, procurei fixar a figura do ancião que de dentro do jardim me fixava sereno.

– Adoro – respondi, convicto. Esse seu jasmim me recordou a infância na Terra...

Ele olhou-me com atenção. Seu rosto, apesar de aparentar beirar os setenta anos (na cronologia terrena), era liso, e corado.

– Eu também o aprecio muito – tornou calmo –, mas quem o cultivou foi minha mulher, Ana. Ela é que o adora. Agora ela está na Terra e eu cuido dele até que ela regresse.

– Ah! – fiz, já curioso.

– Não quer entrar? Já que aprecia as flores, gostaria de mostrar-lhe um exemplar raro que minha filha conseguiu em planos superiores e que, mercê de Deus, temos conseguido manter aqui.

Aquele assunto era totalmente novo para mim. Trazer mudas de plantas de outras cidades em planos mais altos, eu nunca tinha ouvido falar. Acedi de bom grado. Passei pelo portão gracioso e fomos andando devagar pelo jardim. Eu estava ansioso por conhecer as raridades. Mas ele fez questão de mostrar-me antes as outras, e eu, apesar de admirá-las, mal podia esperar. Chegamos por fim a um canto onde uma cerca de tela delicada delimitava a passagem.

– Precisamos colocar esta tela para filtrar os raios grosseiros, porquanto lhes seriam fatais.

– Ah! – exclamei, admirado. – Mas, explique-me, como as conseguiu?

– Minha filha reside lá nessa cidade onde, por mérito ao seu esforço, vem desenvolvendo delicada tarefa de amor ao próximo. Vem de vez em quando visitar-me, porquanto eu vivo só aqui, já que minha Ana teve de reencarnar e eu não pude. O amigo deve saber como é dolorosa a solidão!

– Mas você não exerce alguma atividade? Sempre ajuda.

– É. Eu sou professor. Dou aulas para os adolescentes no colégio. Mas, quando volto para casa, fico só e triste. A Ana me faz imensa falta. Mas que fazer? É preciso esperar.

– E as flores? – eu estava curioso para vê-las.

Ele parecia sem pressa.

– Bem, minha filha me trouxe certa feita e me disse: "Pai, essas flores possuem energias especiais. Quando você se sentir só, aproxime-se delas e ore. Respire fundo e verá que se sentirá melhor, revigorado. Mas para que elas vivam aqui, precisa dispensar-lhes cuidados especiais. Tratá-las quase como um ser humano, porque além de água elas precisam de suas energias de amor e paz. Todos os dias, você deverá estar com elas para doar-lhes forças positivas; caso contrário, elas perecerão".

– Eu fiquei preocupado – prosseguiu ele –, porque naquela fase eu andava nervoso, mal-humorado e até meio revoltado, por que não dizer? Sabe de uma coisa? Eu na Terra não fazia nada sem Ana.

Seus olhos brilhavam intensamente. Ele continuou:

— Ela é uma mulher extraordinária. Sempre disposta, sempre bondosa. Cuidava de mim como de uma criança. Levava-me café na cama, preparava-me o banho, a roupa, que aliás escolhia com muito carinho. Sabia o que eu devia comer, o que era melhor para mim, e o que me fazia mal à saúde. Até no meu trabalho eu não a podia dispensar, porque me ajudava na correção dos cadernos, nas notas dos alunos. Era tão eficiente que eu não fazia nada sem ela. Nossa filha era mais independente e, por isso, não precisava tanto dela quanto eu. Aliás, Ana muitas vezes queixou-se do comportamento de Aurélia, porque esta não lhe seguia as diretrizes. Mas o que fazer? Os jovens são mesmo assim hoje em dia. Nossa filha seguiu carreira como médica e, contrariando a vontade da mãe, foi clinicar em outra cidade. Apesar de vir com freqüência visitar-nos, não se importou com o sofrimento de Ana, que queria dedicar-se a ela tanto quanto a mim.

— Não é essa filha que está agora residindo em planos mais altos?

— É. E isso eu não posso compreender. Porque Ana chorou muito por causa dela não lhe obedecer. Mas nosso instrutor garantiu que Aurélia tinha prestado relevantes serviços na Terra, onde se dedicara com amor ao próximo em sofrimento, e eu fiquei feliz vendo-a tão bem e tão linda. Você sabe que aqui nossos superiores não erram. Devem estar certos.

— Claro — fiz com convicção. Eles sabem o que fazem.

— Pois é. Quando Ana morreu, foi o caos. Eu estava aposentado e cumprimos mais de cinqüenta anos de vida em comum. Não pude resistir. Apesar de minha filha ter-me oferecido tudo, e me levado para sua casa, não era a mesma coisa. Eu não conseguia viver sem Ana. Depois de dois anos de sofrimentos, desencarnei. Parece que fiquei desmemoriado durante muito tempo no umbral, chamando por Ana, sem conseguir encontrá-la. Quando fui socorrido, no hospital, não me conformava com sua ausência. Então, depois de muito pedir e rogar, ela foi trazida para junto de mim, e mal posso descrever a emoção desse momento.

— Posso imaginar! — concordei, à guisa de consolo.

— É. Melhorei logo. Com Ana tudo estava bem. Ao sair do hospital tivemos permissão para voltar ao trabalho, só que Ana deveria também lecionar para as crianças e eu ajudá-la nos afazeres do lar.

— Por quê? — indaguei, admirado.

— Eles exigiram. Disseram que só assim poderíamos ter nossa casa de novo. Concordamos. Afinal, Ana entendia mesmo de aulas, mas eu é que não sabia nada das atividades do lar. Mas se a questão era essa, tinha de aprender. E assim, vivemos durante vinte anos. Quando Aurélia desencarnou, pensamos que viesse morar aqui, mas não. Ela foi para mais alto. Enfim, Deus a proteja. Sempre nos vinha ver, alegre, luminosa. Ana a olhava com muito respeito. Até que Ana foi ficando triste, desanimada, doente. Eu nunca a vira assim. Assustei-me. Nada conseguia devolver-lhe a antiga disposição. Consultados nossos instrutores, eles nos disseram que só a reencarnação na Terra poderia ajudá-la, porquanto alguns compromissos adquiridos em vidas passadas buscavam solução. Ela concordou agoniada. Mas eu não obtive permissão para acompanhá-la. Pode imaginar o meu desespero? Adoeci. Mas nada valeu. Minha filha convenceu-me que era para o nosso bem. Que eu deveria renunciar por algum tempo a sua presença para que ela pudesse resolver seus problemas e voltar a ser como antes. Concordei. Eu a amo muito. Mas tem sido duro. No começo foi terrível. Foi nessa época que Aurélia me trouxe a plantinha milagrosa e, com a graça de Deus, tenho conseguido cultivá-la. Tenho melhorado muito por causa dela. Como eu disse, para se aproximar dela, é preciso colocar o pensamento positivo e melhorar nossas condições íntimas, porque senão as energias negativas poderão matá-la. Pode imaginar o meu esforço? Com o coração partido, ter de criar pensamentos positivos para alimentá-las?

— E conseguiu? indaguei admirado.

— Sim — tornou ele com orgulho. — Está viçosa e linda. Vamos vê-la. Porém, pensamentos bem luminosos, por favor.

Apesar de sentir-me muito bem, esforcei-me para melhorar ainda mais o teor dos meus pensamentos. Meu anfitrião cerrou os olhos e seu rosto como que se iluminou. Estava outro, cercado por belo halo de energia brilhante. Eu mal podia esperar para ver tão poderosa planta rara.

— Agora podemos entrar — disse ele alegre. — Se permito sua presença é porque o amigo também aprecia a natureza. Vamos.

Entramos, e atrás daquela tela delicada, em um canteiro muito bem cuidado, estava lindo e cheio de flores um pé de maracujá.

A surpresa me emudeceu. Estaria meu companheiro fora da realidade? Vendo-lhe a fisionomia enlevada e iluminada, não quis quebrar o encanto.

— Você já viu coisa tão linda? — perguntou, feliz.

— Não — respondi, encabulado.

Um enigma tinha-se formado em minha cabeça. Como uma planta tão comum possuía ali tantos poderes?

Vendo-lhe a alegria, calei as dúvidas e indagações íntimas. Aprendera a respeitar os sentimentos dos outros. Conversamos mais algum tempo e, quando saí, duas horas mais tarde, levava a certeza de que o professor era um homem, ou um fantasma lúcido e equilibrado.

Não pude compreender seu caso, e quando, dias mais tarde, conversava com meu instrutor espiritual e amigo, mencionei-o, ansioso por uma explicação. Anselmo sorriu e respondeu:

– Conheço o caso do Mestre Antônio. Tive oportunidade de conhecer-lhe os detalhes. Como você sabe, ele viveu em Portugal, e deixou-se dominar pelo espírito de Ana, sua mulher, aproveitando-se dela, comodamente, entregando-se a que ela resolvesse todos os seus problemas como um parasita na árvore que o abriga. Foi uma simbiose, uma obsessão mútua, difícil e dolorosa de desfazer. Aqui, eles, apesar dos esforços dos nossos maiores, continuavam a nutrir-se mutuamente, e só o processo de reencarnação pôde separá-los temporariamente. Como você sabe, a vida tem suas exigências, e Ana foi sacudida pela necessidade urgente de mudança. Mas, apesar de ela ter reencarnado, o pensamento dele aqui continuava a buscá-la na Terra, e várias vezes Ana esteve à beira do desencarne por causa disso. Não desejava viver e refugava instintivamente as energias vitais. Foi então que Aurélia, espírito lúcido e superior, teve a idéia da planta, que, como você viu, não é de planos mais altos, mas é réplica da Terra mesmo, aliás, do nosso amado Brasil.

– É. Fiquei estupefato.

– Imagino. Mas é assim que ele tem conseguido reunir pensamentos positivos para alimentar a planta rara que o pode sustentar e ajudar, sem perceber que é seu próprio esforço que o tem melhorado e alimentado. Está satisfeito?

– Estou – respondi, alegre. Afinal, sempre gostei de flor de maracujá. E se você se recorda, sua fruta é calmante comprovado, utilizado largamente no mundo. E – observei diante do seu olhar admirado – quem nos garante que enquanto ele vibra e melhora seu padrão mental para doar ao pé de maracujá, este por sua vez não lhe responde ao apelo com energias balsâmicas e calmas?

Vocês não acham que Aurélia, como espírito superior, pode saber disso? Será que foi intencionalmente que ela escolheu o maracujá?

Se a encontrar algum dia, perguntarei, e se descobrir, prometo contar-lhes. Mas hoje, estou feliz. Não querem também como eu sentir a alegria de viver, a beleza da vida, a bondade de Deus?

Nas alamedas do parque eu caminhava pensativo. Nas penitenciárias do mundo, muitas vezes eu havia surpreendido dolorosos problemas de relacionamento que, se não justificavam as faltas e os erros cometidos pelos detentos, pelo menos podiam fazer-nos compreender por que um ser humano pode descer um a um, e rapidamente, todos os degraus da ruína moral, física e, conseqüentemente, espiritual.

Problemas existem que desafiam os mais acurados observadores, que tentam minorar o sofrimento e ajudar.

Enquanto na Terra, em raras ocasiões se pode observar com profundidade e com acerto as causas determinantes das falhas humanas, do mergulho no erro, na crueldade e no crime. Para nós, os "focas" improvisados, os fantasmas bem-intencionados que sempre se aproximam, não à cata de sensacionalismo à moda da Terra, mas como aprendizes humildes e pobres, imbuídos do mais sincero desejo de socorrer e ajudar, as situações tornam-se mais claras, mercê de Deus, possibilitando providências e assistência com bons resultados, sempre comandados pelos nossos maiores.

Na maratona da vida na Terra, os caprichos e o orgulho vêm desempenhando papel de relevância nesses casos em que a inversão de valores, o despreparo e a indiferença daqueles encarnados que poderiam fazer alguma coisa, acentuam.

Na semana passada fui a um debate de companheiros estudiosos do assunto que, habituados a anos e anos de trabalho nas tarefas de socorro aos homens encarnados na Terra, desejava apurar melhor as causas, as influências do meio como determinantes de aprendizagem, etc. E a pergunta era: Até que ponto um homem se deixa influenciar pelo meio?

Confesso que me interessei. Sem ser estudioso do assunto, apenas como amador, ou observador.

As opiniões foram as mais diversas. E, como sempre acontece nesses debates, raramente chegam ao mesmo denominador. Enquanto alguns acusavam o meio como fator preponderante na infância, principalmente do fortalecimento das tendências inferiores, quando ele é pervertido e congrega em sua maioria espíritos atrasados, justificando assim muitos deslizes cometidos pela sua influência, outros afirmavam que, embora o meio seja pervertido e possa trazer à tona a inferioridade do espírito que nele vive, ele sempre pode, se quiser, encontrar a maneira de sair anulando ou vencendo as influências do meio e procurando situar-se honestamente. Como exemplos citavam muitos casos de espíritos reencarnados nesses meios e que não se tinham deixado influenciar. Muito pelo contrário, tinham valorosamente mostrado sua tenacidade e esforço na prática do bem.

Saí pensando. Não me atrevi a interrompê-los ou a emitir opiniões, mas o inverso também acontece. Quantas vezes observei criaturas que, cercadas de pessoas bondosas e honestas, tendo vivido em um meio que podemos considerar bom, moralmente falando, como ovelhas negras acabam transviando-se, de nada valendo os conselhos, as lágrimas e o esforço daqueles que os amam. Não é verdade isso?

Enquanto eu caminhava absorto em meus recônditos pensamentos, nem sequer observara a beleza das árvores frondosas e amigas, o cheiro delicioso de mato misturado de quando em vez com um perfume delicado de alfazema.

Como é difícil compreender... Mas, se o meio pode exercer influência no comportamento humano, acho que mais importante do que ele são as virtudes ou as ilusões que trazemos conosco. Diante de tantos problemas complexos e variados que influenciam o nosso comportamento, quem teria condições de julgar? Qual de nós, depois de meditar sobre esses assuntos, poderia exercer a função de juiz?

Senti-me como um menino ignorante da vida ensaiando os primeiros passos, temeroso e burro.

Por isso, tinha deliberado naquela tarde de lazer visitar o recolhimento onde espíritos sofridos, desajustados, doentes e infelizes tinham sido agasalhados e eram assistidos por companheiros dedicados e pela misericórdia de Deus. Profundo sentimento de respeito e de afeto banhava-me o coração. Nunca tinha estado naquele pavilhão de socorro, apesar de serem permitidas as visitas e muitos dos meus amigos dedicarem-se a esse piedoso dever. Porém, minha hora soara. Meu coração se tinha tocado e ali estava eu, procurando levar um pouco da compreensão que me banhava a alma àqueles amigos sofredores.

O edifício simples e bem-cuidado, as flores colocadas com delicadeza por toda parte, os assistentes de fisionomia calma, o contínuo movimento, o trabalho ativo sem ruídos, sem pressa, deu-me logo de início a sensação de paz e bem-estar. Cores suaves por toda parte.

No hall parei, interdito. Uma assistente atendeu-me:

– Veio visitar alguém em particular?

– Não – respondi um pouco sem jeito –, é a primeira vez que venho aqui. Gostaria de ser útil de alguma forma.

Ela olhou-me nos olhos com atenção, depois tornou:

– Esta bem. Talvez prefira conhecer nossa casa primeiro. Os pacientes em melhor estado estão no pátio. Pode circular à vontade...

– Obrigado – respondi, contente.

Em seguida atravessei o corredor e saí para o enorme pátio, transformado em belíssimo jardim, tão amplo que eu não conseguia ver-lhe os limites. Sabia que eles eram fechados. Muros altos e bem protegidos por sistema de alarme rodeavam a casa, embora estivessem cobertos por heras graciosas e bem-cuidadas.

Fora, havia muitas pessoas conversando, passeando, alguns ainda em cadeiras de rodas, outros ainda pálidos e tristes, indiferentes ou chorosos. Os visitantes misturavam-se a eles, e eu comecei a caminhar por entre as alamedas graciosas, admirando a bondade de Deus e dos corações amorosos que tinham cercado de flores e de beleza aquele recanto de refazimento e de paz, apesar das feridas e das dores que seus tutelados traziam ainda dentro de si.

Em meio à graciosa clareira, sentada em um banco, uma mulher um tanto idosa, olhos fixos num ponto qualquer, parecia alheia ao ambiente. Um ricto de amargura vincava-lhe o rosto um tanto envelhecido.

Aproximei-me:

– A senhora permite?

Ela nem pareceu ouvir-me.

– A senhora permite que eu me sente? – repeti, firme.

Ela pareceu sair de sua abstração, olhou-me com certa indiferença.

– Disse alguma coisa?

– Posso sentar-me aqui?

Ela deu de ombros.

– Para quê?

– Estou me sentindo muito só hoje. Tenho vontade de conversar. Sabe como é. Tem dias que precisamos de alguém para trocar idéias e nos ajudar.

Ela retorquiu:

– Acho que procurou a pessoa errada. Se quer sentar, o banco é grande, mas eu não estou em condições de conversar. E, além do mais, tenho já muitos problemas para ouvir ainda os problemas dos outros.

Sentei-me um pouco contrariado. Afinal, eu quisera apenas ser gentil. Mas ela não compreendera a delicadeza das minhas intenções.

– Às vezes os nossos problemas melhoram quando podemos desabafar.

– Se isso adiantasse eu já teria resolvido todos eles. Mas, como não adianta...

– A senhora parece-me preocupada. Reside aqui?

– Eu? Não. Mas há mais de dez anos que venho aqui religiosamente todos os domingos. Nunca me viu?

– Hoje é minha primeira visita.

– Tem algum parente aqui também?

– Não. Vim apenas conhecer e ajudar, se puder.

– Ah!

Olhou-me, procurando penetrar até o fundo dos meus pensamentos.

– Pensa em trabalhar como assistente? Tem prestígio com os nossos maiores?

Um brilho interessado luziu em seus olhos. Apressei-me a desfazer o equívoco.

– Não. Não tenho prestígio nenhum. Vim como amigo e estudioso. Depois, escrevo para a Terra, sou repórter.

Olhou-me com ar de desprezo.

– Odeio repórteres. Estão sempre farejando notícias. Arrasam a vida de todo mundo. Se você é repórter, pode ir saindo. Assunto acabado.

– Calma, posso explicar. Sou repórter aqui e garanto que minhas intenções são as mais sérias e honestas possíveis. Escrevo para a Terra contando como é nossa vida aqui, nossos costumes, nossos problemas.

– Para quê?

– Eu acho que na Terra muitos gostarão de saber. A experiência ensina. Eles poderão aprender conosco evitando cometer os mesmos erros, procurando melhorar-se moralmente. A senhora não acha, que se tivesse conhecido a verdade quando ainda estava lá, tudo poderia ter sido diferente?

Ela permaneceu pensativa, e alguns segundos depois considerou:

– Talvez. Mas é difícil acreditar que alguém consiga escrever para a Terra e que eles vão acreditar. Lá as coisas são tão diferentes!

– Mas é verdade. Tenho conseguido que alguns poucos me ouçam. Já é alguma coisa.

Ela sacudiu os ombros.

– Isso é verdade. Mas olhe, moço – baixou a voz, falando ao meu ouvido –, se quer obter êxito, não diga por aqui que é repórter. Não sei se sabe, mas aqui vivem muitos homens que foram perseguidos pela imprensa na Terra. Criminosos, ladrões, ex-presidiários e, segundo sei, alguns há que há muito desejam pôr as mãos em cima deles.

– Por quê? – indaguei, admirado.

– Ainda pergunta? Já reparou como são exagerados? Quem gosta de ver-se exposto nos jornais com requintes de crueldade? Ao pobre coitado que sofre problemas mentais e que comete um crime, em vez de procurarem tratá-lo como louco ou desequilibrado, apenas lhe colocam alcunhas descaridosas: "o monstro sangrento", "o vampiro em ação", coisas assim. Siga meu conselho. Aqui, não convém dizer que é repórter. Eu entendo que o senhor não é desses, mas eles! Até explicar, pode ser tarde.

Fiquei intrigado.

– Eles, aqui, ainda conservam idéias de violência? Não estão arrependidos?

– Bem se vê que não conhece os que se recolhem aqui. Muitos já estão lúcidos, e esses têm crises de arrependimento; outros ainda sofrem crises periódicas, atravessando momentos violentos entremeados de melhoras ocasionais. Outros ainda conservam a mente presa aos erros cometidos e, o que é pior, aos erros de que foram vítimas, e não conseguem perceber a realidade. Vivem entre a depressão extrema e o desejo de vingança. Existem aqui celas nas quais ninguém pode entrar, a não ser os responsáveis, e onde alguns se encontram segregados.

– Prisioneiros? – perguntei, assustado.

– Sim. São como loucos perigosos. É preciso mantê-los aqui para que não prejudiquem os outros.

– Tem certeza disso?

– Claro. Por isso venho vindo aqui todos esses anos. Meu filho é um deles, e o que posso fazer senão esperar? Tenho rezado por ele, mas isso não me tem valido de nada.

Olhei-a de frente, estava sendo sincera.

– A prece sempre nos ajuda: dá-nos forças para suportar as lutas.

– Fala como nosso instrutor, mas comigo não funciona. De que me serve rezar se quem tem de melhorar é ele?

– Faz tempo que ele está aqui?

– Faz. Desde que eu o descobri aqui, tenho vindo visitá-lo, na esperança de que melhore. Sou mãe. Sabe como me sinto. Na Terra, fiz o que pude por ele. Éramos pobres, mas nunca lhe deixei faltar o essencial. Não tive sorte na vida. Conheci muitos homens e nenhum prestava. Com o pai do Mário eu vivi mais tempo. Nem sei por quê. Era bêbado e vagabundo. Só fazia brigar com todo mundo, um inferno. Eu nem podia ter amigas. Punha todas a correr. Eu trabalhava, e o pão de cada dia era pouco, mas suficiente, nunca nos faltou. Mário não quis ir à escola. A custo fez o primeiro ano. Saía cedo, passava o dia na rua e às vezes trazia algum dinheiro. Juntava jornais, vendia. Mas, apesar disso, não era mau, e muitas vezes defendia-me quando o pai queria me bater. Falava que queria trabalhar muito para me dar conforto, uma casa melhor, boas roupas, E, de fato, quando cresceu, começou a trabalhar duro. Nossa vida começou a melhorar. Mário era como pai dos irmãos. Matriculou todos na escola. Mas tinha raiva do pai, e os dois acabaram brigando feio. Mário pôs ele pra fora de casa. Não queria sustentar vagabundo. Ele foi, bancando o orgulhoso, sumiu, mas morreu na sarjeta, bêbado e desmemoriado. Isso pouco me importa, quem mandou beber daquele jeito.

Eu procurava não demonstrar surpresa. Fazia tempo que não tomava contato com problemas tão terrenos. Ela, mais animada, prosseguiu:

– Mário era moço bonito. Não é por ser meu filho não, mas era alto, bem-feito e jeitoso com as mulheres. Trouxe a Mariinha pra morar em casa. Gostava dela, mas o dinheiro não dava para casar, nem sustentar duas famílias. Depois o José já estava quase com dezoito anos e já trabalhava, as duas meninas tomavam conta da casa e eu também lavava roupa para fora. Mariinha era muito bonita. Passava o dia inteiro se enfeitando e o Mário era muito ciumento. Brigavam. Eu dava conselhos para ela. Por que mulher quer cantar de galo? Sempre se dá mal.

O jeito simples da minha interlocutora deixava-me saudoso das andanças terrenas. Ela prosseguiu:

– Tudo ia bem, até que um dia, quando acabei mais cedo o serviço, voltei para casa, e ao entrar, ouvi risadas no quarto. Alguém estava lá com Mariinha. O Mário não era. Pé ante pé, fui até a parede de madeira que dividia a sala e por um buraco espiei. O que vi quase me matou: Mariinha, quase sem roupas, aos beijos com meu filho José. Pode imaginar o choque?

Concordei com a cabeça. Ela prosseguiu:

– Fiz um escândalo. Entrei no quarto e dei umas bofetadas no José e alguns safanões na desavergonhada. Eles ficaram muito assustados, tentaram explicar-me que não tinha acontecido nada, que era a primeira vez. Que José estava com dor de dente e tinha saído cedo do serviço. Começaram a conversar e a tentação... Eu estava indignada. Imploraram para eu não contar nada ao Mário e eu concordei. Ele era violento. Juraram que não aconteceria de novo. Passei a vigiálos, mas eles não me deram mais motivos para desconfiança. O tempo foi passando, até que um dia, quando Mário chegou do trabalho, a Mariinha não estava. As duas crianças deles na vizinha e dela, nem sinal. No quarto, um bilhete que Mário mal conseguiu ler. Precisou minha filha explicar o conteúdo. Ela tinha escrito: "Não dá mais para viver com você. Vou embora. Não me procure mais. Mariinha". Ele ficou como louco. Foi ao quarto, quebrou tudo, cama, cômoda, os vizinhos precisaram acudir e só o pronto-socorro deu jeito com injeção para dormir. Mas o pior ele não sabia ainda. O José também tinha sumido. Eu, apavorada, tinha ido ao emprego dele e soube que ele se demitira, recebera o dinheiro, bem no dia em que ela tinha ido embora. Não tive dúvidas, eles tinham fugido juntos. Como contar ao Mário?

Uma onda de emoção passou por seus olhos aflitos.

– Continue – pedi, contagiado pela sua apreensão.

– É claro que não consegui esconder durante muito tempo. Quanto ele se deu conta da verdade ficou como louco. O José sempre fora um bom filho e bom irmão. Por ele Mário fizera muitas horas extras, para que não lhe faltasse escola, roupas, alimento. Fora o pai que ele não tivera, o irmão e o amigo. Muitas vezes vi Mário chorar do outro lado do tapume sem que pudesse fazer nada. Como mãe, eu sofria muito e muitas vezes me perguntava por onde José andaria. Tinha saudades dele, mas não podia falar. Se tentava tocar em seu nome, Mário revoltava-se, revelando um ódio profundo e o desejo frio de vingança. "Um traidor como ele vai morrer abandonado como um cão. Ele que não me apareça, porque se o encontro, mato-o com minhas próprias mãos", dizia ele. Imagine o meu horror. Um irmão matando o outro! Quis o destino que aquela mulher leviana, a quem eu culpo de tudo, enjoasse do José e o deixasse por causa de outro. Ele deu para beber e ficou jogado na rua. Fui procurada por pessoa conhecida me avisando que o José estava no hospital como indigente e muito mal. O que fazer? O médico disse-me que ele não tinha muito tempo de vida e precisava de ambiente calmo, cuidados especiais. Não podia ficar no hospital. Ele era meu filho. Tinha errado muito, mas estava arrependido. Pedia perdão a todos nós e queria reconciliar-se com Mário. Tinha sofrido muito. Estava uma sombra do que tinha sido, magro, envelhecido. Decidida, falei com Mário. Ele precisava perdoar. Ficou furioso, alegou que se eu o trouxesse para casa ele iria embora para sempre. Eu dependia dele. Estava velha, doente, não podia trabalhar. Minhas filhas, uma tinha se casado e lutava com dificuldades; a outra trabalhava como doméstica e ganhava pouco. Havia os netos na escola, depois eu não queria que ele se fosse. Chorei muito, mas foi inútil. Arranjei um pequeno quarto de madeira, não muito distante, e com a ajuda de amigos levei para lá o meu José, sem que Mário soubesse. Sorrateiramente, levava-lhe comida, cuidava do seu asseio. Ele estava inconsolável. Sofria muito. Queria ver o irmão. Até que em um dia de triste memória, ao entrar no barracão, encontrei meu José morto. Tinha se enforcado. A partir desse dia Mário nunca mais foi o mesmo. Ficou perturbado das idéias. Tinha crises de loucura. E precisamos interná-lo em um hospício. Só muito tempo depois, quando já estávamos todos aqui, descobri o que tinha acontecido. Mário tinha descoberto a presença do irmão e, num acesso de ódio, o tinha enforcado.

Senti um arrepio percorrer-me a espinha.

– Faz isso mais de trinta anos. José perdoou e já está bem. Tem trabalhado em favor dos outros aqui mesmo neste hospital. Seu maior desejo é reconciliar-se com Mário.

– E ainda não conseguiu?

– Não. Mário passa a maior parte do tempo em crise. Ora revive seu amor com aquela infeliz, ora sua desilusão e seu ódio por José, a quem culpa de tudo, ora o horror de seu crime. A presença de José o coloca em crise por muitos dias.

Suspirei, penalizado. Olhei a beleza suave do parque, a fisionomia fatigada daquela mãe e senti um aperto no coração.

– Não desanime. Um dia tudo vai mudar e a reconciliação se fará. Deus é grande!

– Assim espero. Por isso venho todas as semanas. Às vezes posso vê-lo, falar-lhe, mas hoje, por exemplo, só pude vê-lo de longe enquanto, trancado em um quarto, brigava com o irmão tentando enforcá-lo. Por quanto tempo terei ainda de esperar?

Lágrimas rolavam-lhe pelos olhos, e eu senti que os meus também se umedeciam. Olhei-a, comovido.

– Coragem. Deus não abandona ninguém. O espírito é eterno. Um dia ele vai acordar e a senhora poderá ensiná-lo de novo a viver melhor.

– O senhor acha?

– Tenho certeza!

A luz da esperança brilhou em seus olhos tristes e eu saí, andando devagar, pensando, pensando...

Como é difícil perdoar. Algum dia chegaremos todos a aprender?

E a brisa cariciosa me envolveu. Olhei o céu azul, a natureza tão linda, tão amiga, tão fraterna, as árvores tão firmes, frondosas, os pássaros cantando alegres, e todos pareciam dizer-me.

– Sim. Um dia todos nós vamos crescer.

Eu estava lá em tarefa de auxílio, na posição de informante. No desejo de escrever para a Terra, de ser repórter fiel e sincero do bem, estabelecendo um traço de união entre dois mundos, recebi a incumbência de cooperar nas tarefas de socorro.

Vocês sabiam que, aqui, nada se pode fazer sem que o objetivo seja o de auxílio ao próximo?

Pois é. Se alguém pensa em vir para cá bisbilhotar e fazer sensacionalismo para reportar à Terra em manchetes espetaculares, está muito enganado.

Embora as notícias sejam por si mesmas extraordinárias, a nossa ambição de dar os "furos" fica muito reduzida quando condicionada ao benefício, ao auxílio que podemos prestar aos outros.

Tudo deve ter sua utilidade, e para compreender isso é que cursamos aqui várias disciplinas.

Desde o início, logo que demonstrei desejo de colher dados para reportar, fui convidado a trabalhar como informante das equipes de socorro. Se você quer descobrir coisas, casos interessantes, assuntos para registrar e reportar à Terra, tudo bem, mas já que é tão curioso, já que deseja tanto esmiuçar, por que fazer isso de qualquer jeito, sem orientação?

Foi o que me disseram, e eu confesso no momento não ter recebido a idéia muito bem, porquanto ao repórter interessa apenas o fato, a notícia, a informação. Mas, como não me foi dada outra opção, e a permissão para trabalhar veio condicionada ao meu engajamento a um grupo de socorro, aceitei.

Dão-me um nome, endereço, e meu trabalho consiste em ir verificar o que está acontecendo com aquela pessoa.

Uma vez anotado o caso em ficha correspondente, há um espaço para que eu apresente sugestões sobre as providências que acho indicadas ao caso. Depois, entrego esse relatório ao assistente, que se encarrega, junto com os trabalhadores designados para esse fim, de tomar as providências que eles acham necessárias.

Eu apenas levava permissão para ajudar, com algumas providências calmantes, os casos graves e imprevistos, enquanto aguardava a chegada da equipe que, em caso de extrema necessidade, eu poderia chamar.

A princípio, julguei um tanto infantil o meu papel. Afinal, lá estava eu, sentindo-me como um office-boy que, timidamente, ingressa em uma grande empresa. Sem direito a nada e não ser levar os recados, despachar a correspondência, obedecer ordens.

Quem diria que eu, o médico, o escritor, o artista, transformar-me-ia um dia em office-boy fantasma?

Apesar de achar que eles não estavam me aproveitando como eu merecia, que meus talentos estavam sendo desperdiçados, aceitei o papel, a ponta que me era oferecida, e como extra apagado, compareci ao elenco para a estréia.

As providências eram discutidas, e eu não entendi muito bem a movimentação dos companheiros. Mas, quando chegou minha vez, o assistente André explicou-me o que eles esperavam que eu fizesse. Entregou-me um nome, um endereço. Tinha de visitar essa pessoa, observar tudo quanto pudesse e anotar os dados mais importantes. Podia dar sugestões, mas sem permissão para tomar nenhuma providência, a não ser chamá-los se o caso requisitasse atendimento imediato. Esse atendimento estava condicionado aos casos graves de crimes, suicídios ou acidentes em perspectiva. Para isso eu podia ir só. Tinha não mais do que uma hora para tanto.

Devo esclarecer que estávamos na Terra e que esse trabalho atende à solicitação das pessoas encarnadas que freqüentam um Centro Espírita. Lá, nesse local, funciona a minha equipe de socorro.

Era preciso ir, ver e retornar trazendo as informações precisas. Para alguns casos que não eram novos, os informantes recebiam informações mais detalhadas e alguns itens específicos para observar.

Saí. Lembro-me que fui como alguém que vai diligente ao trabalho, mas sem muito entusiasmo. Logo ao entrar, percebi que as coisas não iam bem. Várias pessoas discutiam em uma sala sem se entenderem. Espíritos desencarnados em tristes condições estavam instalados comodamente naquele lar, e a vibração do ambiente era densa e desagradável. Lá dentro, apesar de não ser visto, não pude concentrar-me para observar melhor as causas que deram origem àquele estado de coisas.

A pessoa a quem procurava estava estendida em um sofá, enquanto na vitrola música barulhenta e desagradável, em tom muito alto, eletrizava ainda mais o ambiente, dificultando a minha permanência no local.

Tentei ver seus pensamentos. Tratava-se de um jovem, vinte anos, cuja mãe solicitara auxílio. A queixa era de que ele, preso de obsessão, envolvido por espíritos infelizes e desregrados, entregara-se à viciação e à ociosidade, recusando-se a estudar e a trabalhar, tornando-se agressivo e rebelde com os pais.

O pedido de uma mãe merece nosso respeito, assim fiz o possível para agüentar a agressividade do ambiente e não sair dali correndo desarvorado. Afinal, aos office-boys da Terra não se exige tanto esforço. Mas eu, que sou teimoso por índole, lutei, orei, pedi, até que consegui acalmar-me um pouco.

O jovem estava em estado lastimável. Espíritos ainda ligados aos problemas de sexo desregrado colavam-se a ele, enquanto ele, por sua vez, olhos semicerrados, dava livre curso à fantasia, compondo cenas eróticas e imaginando sensações infelizes.

Sem saber o que fazer, percebi que realmente não tinha o que indicar como solução, porquanto não conseguia perceber quem assediava quem, tal a simbiose.

Lembrando-me das lições que tinha recebido, procurei um apoio dentro do lar. Vocês sabem o que é isso?

Todos os lares sempre possuem um. Há sempre um membro da família em nível melhor, que tem alguma virtude, que ora, que procura melhorar. Afinal, a mãe deveria estar ansiosa para ajudar o filho em desajuste.

Fui até a cozinha. A mãe estava conversando alto para poder vencer a algazarra geral, com uma vizinha. As moscas voavam insistentes sobre a louça encostada na pia, e as duas, sentadas confortavelmente, conversavam animadas.

— Ontem eu fui ao centro. Afinal, já fiz de tudo. O Nelsinho não melhora mesmo. Ah! Que triste sina a minha! Um filho preso nas garras dos espíritos malfeitores. Já fui a vários lugares, mas lá, agora, acho que vai dar certo. Também é a última vez. Se falhar, deixo essas besteiras de lado. Não adiantam mesmo.

— É – fez a outra –, tem razão. Afinal, faz tempo que você está dando chance a eles de fazer alguma coisa. Mas, sabe, tenho uma novidade!

— É? – os olhos dela brilharam, curiosos.

— A loura do 202. Vai separar-se do marido. Eu soube que ele anda de caso com uma moça de dezoito anos. Ela vai ter um filho dele. Não é uma pouca vergonha?

— Que horror! Essas moças desavergonhadas! Vivem tirando marido das outras. Meu marido tem uma prima que saiu de casa e foi morar com um homem casado. Acha que tem cabimento?

Respirei fundo, procurando desligar-me delas. A maledicência tem tentáculos perigosos, e lutei para não me envolver. Afinal, minha curiosidade não é desse tipo.

Fiquei agoniado. Quais as providências a serem tomadas?

De repente lembrei-me da orientação que tinha recebido. O guia espiritual daquele lar por certo poderia informar melhor. Minha cabeça andava à roda como há muito eu não me recordava de ter sentido. Foi então que procurei localizá-lo. Não estava.

Meu tempo foi-se escoando e não consegui nada mais. Foi com dificuldade que preenchi o relatório e retornei ao grupo de auxílio. Estava cansado. Parecia-me ter trabalhado o dia todo exaustivamente.

André ouviu minhas reclamações, leu o relatório, calmo e sereno, e informou com voz firme:

– Não agrave o problema dos nossos amigos com seus pensamentos tumultuados. Jamais pode envolver-se em julgamentos dos atos alheios, se deseja ajudar. Você, além de absorver resíduos do ambiente, ainda não conseguiu observar profundamente o caso. Acredito que tenha feito treino para essa penetração. Você possui acuidade, perspicácia, que são qualidades preciosas para o exercício dessas atividades. Mas não conseguiu usá-las devidamente.

Decepcionado, ajuntei, qual menino apanhado em falta:

– Mas o caso é muito grave e eu não encontrei a solução adequada para sugerir.

– Nem sempre podemos entender os problemas alheios e muito menos solucioná-los. Todavia, guardamos possibilidades de observar com amor e de poder ministrar o auxílio quando necessário.

Curioso, perguntei:

– Mas, nesse caso, o que fazer? A casa parece um barco sem leme, onde cada um faz o que lhe parece, sem responsabilidade ou disciplina. Como evitar a presença de irmãos que se afinam com esse ambiente?

– Parece-lhe que o caso não oferece campo para a ajuda imediata?

Um pouco sem jeito, murmurei:

– É isso. Acho difícil qualquer providência nesse sentido por enquanto.

Ele abanou a cabeça.

– É, à primeira vista, parece que não há ali nenhum ponto onde nos possamos apoiar para iniciarmos nossa intercessão de auxílio. Todavia, guardamos o recurso de semear sempre, confiando em Deus. Para ilustração nossa, gostaria de voltar lá comigo?

– Claro – respondi, entusiasmado.

Saímos. Eram 23h, e em poucos segundos adentramos o lar do jovem necessitado. A casa agora estava menos barulhenta e, no quarto, o casal dormia, enquanto os três filhos menores, na sala, assistiam à televisão. Os "Intocáveis" estavam duelando a tiros e eles nem piscavam.

Nosso jovem estava preparando-se para sair. Procurando dinheiro, não achou suficiente e foi ao armário, de onde retirou de uma gaveta duas notas de mil. Saiu, apanhou o carro e ligou o tape no mais alto volume.

O carro arrancou cantando os pneus e, aboletado no assento traseiro, não pude furtar-me a sensação de medo. Olhei o rosto de André, calmo e sereno.

Afinal, o que poderia acontecer-me? Corpo de carne eu não tenho. Por que temer?

E começou para nós, fantasmas bem-comportados e sérios, uma verdadeira maratona. Fomos a bares, circulamos por inferninhos, assistimos a cenas deprimentes, infelizes criaturas em busca de sensações nos dois planos da vida. O que fazer?

O dia amanhecia quando retornamos ao lar. Nosso jovem parecia sem sono, apesar da dose de tóxico que ingerira: estava elétrico. Permanecia envolvido por uma corte de espíritos infelizes.

Foi para o quarto e então uma crise de insatisfação, de desespero, o acometeu. Estirado no leito, chorou, chorou, e eu, que durante horas o julgara empedernido e leviano, senti confranger-me o coração.

André informou:

– Agora é o momento de agirmos. Vamos adormecê-lo. Vamos orar.

Coloquei todo meu empenho naquela prece sentida. O pranto sempre me comoveu.

André aplicou-lhe passes, e logo percebi que uma substância viscosa saía-lhe do bulbo.

– Vim para socorrê-lo – disse André ao jovem aflito. – Adormeça, não tema.

O corpo jovem cerrou os olhos, e logo seu espírito desligado surgiu-nos diante dos olhos. Olhou-nos assustado e com olhar fixo.

André, fixando-o com firmeza, disse-lhe com voz clara:

– Ouvimos o seu pranto. Desejamos ajudá-lo.

Pude observar que os espíritos infelizes que o acompanhavam recolhiam-se a um canto, pálidos e assustados como se tivessem visto fantasmas. Será que eles sabiam que também estavam no rol das almas do outro mundo?

Nosso jovem olhava para eles com evidente terror e para nós com assombro. André continuou:

– Nelson, conheço o que se passa com você. Sei por que tem-se entregado a esse desespero, a essa vida sem objetivos. Posso ajudá-lo, mas é preciso que você queira.

Olhei meu companheiro admirado. Como podia saber o passado dele? O jovem olhava indeciso, e André continuou:

– Vamos recordar o passado. Você foi um senhor feudal que morreu assassinado por seus vassalos em tremenda revolução. A partir daí, não aceitou a derrota e a perda dos bens. Tornou-se um rebelde à disciplina e às leis divinas, ao bem geral. Espera que lhe devolvam a posição a que julga ter direito e mantém essa rebeldia, que atinge a todos os que o rodeiam. Entretanto, tem conseguido apenas atingir a você mesmo. Afina-se com espíritos infelizes, a quem domina e conduz a troco de sensações infelizes. Há muitos anos que o acompanhamos, esperando uma chance para ajudá-lo. É que é preciso compreender que para tudo há uma causa justa. Deus não erra. Esqueça o passado e tente sinceramente recomeçar. Essa posição não lhe tem dado felicidade. Quando renasceu, tinha compreendido e formulado o propósito de mudar. Por que agora não quer cumprir? Por que não luta para progredir?

Lágrimas escorriam-lhe pelas faces pálidas, e eu, comovido, orava em silêncio. Os espíritos infelizes, a um canto, rostos pálidos e tristes, estavam assustados e indecisos.

André continuou:

– Agora pense no que eu disse. Amanhã, quando sua mãe lhe falar para ir ao Centro Espírita, aceite. Lá é que poderemos assisti-lo melhor. Mas leve o propósito de esquecer o passado e aprender a recomeçar.

Ele concordou, e André ainda lhe disse:

– Olhe aqueles nossos irmãos infelizes. Esperam pela sua ajuda. Roguemos a Jesus por eles. Agora, descanse. Amanhã será um novo dia.

O jovem acomodou-se de novo no corpo adormecido e pareceu-me mais calmo, tranqüilo.

André ainda orou em favor dos irmãos necessitados, que por sua vez acomodaram-se calmos e adormeceram também.

Saímos. Eu estava curioso. As perguntas fervilhando na mente. Meu companheiro sorriu e esclareceu:

– Convidei-o a assistir os primeiros socorros para que possa avaliar como é importante para nós o trabalho que você vai desempenhar e para que se adestre melhor na observação profunda dos nossos tutelados.

– Agradeço sensibilizado. Hoje aprendi enorme lição. Mas, uma coisa me intriga: por que ele pôde receber tanto auxílio? Pelo que pude observar, é ele quem atrai os espíritos infelizes, e se existe obsessão, é ele quem a exerce. Sua mãe, apesar de ter ido ao Centro pedir ajuda, está muito distanciada das verdades espirituais, e acredito que tem contribuído para que a situação se agrave. O pai é indiferente. Pelo que aprendi, o auxílio precisa de um ponto de apoio.

– Certo. Se você não se chocasse tanto com as aparências teria percebido que ele é um rebelde ferido em seu orgulho, que não aceitou ainda a disciplina regeneradora da vida. Mas teria percebido também que ele estava cansado, exausto, entediado, e se tivesse se aprofundado mais, teria percebido que ele já tinha feito votos de melhoria antes desta encarnação. Já se arrependera e se propusera a mudar, mas por condições da lei natural, reencarnado entre aqueles que lhe tinham tirado a vida em outras épocas, a força do passado o envolveu. Agora tentamos acordar seu espírito para os compromissos livremente assumidos.

– Quer dizer que ele amanhã comparecerá ao tratamento espiritual e conseguirá equilibrar-se?

– Não sei. Essa resposta só Deus possui. Ele vai escolher. Se aceitar, temos todo um programa de auxílio para colocar em execução. Nosso amigo guarda boas possibilidades de trabalho mediúnico. E, se aceitar os postulados da Doutrina Espírita, por certo se libertará, iniciando a própria regeneração. Mas, lembre-se, isso só acontecerá se ele quiser! Até lá, vamos esperar.

Saímos. A noite estrelada, a beleza da luz acariciava-me o coração. Aceitei o emprego, feliz. Ser office-boy por aqui não é fácil. E, se eu quero exercer bem a nova profissão, tenho muito que treinar e observar. Afinal, o trabalho exercido com amor é fascinante.

Não acham que fiz bem em aceitar?

Vocês já viajaram em um disco voador? Creio que não, porque apesar do muito que se tem falado na Terra sobre tais eventos, raros, muito raros são aqueles que tiveram essa chance.

Confesso que, quando na Terra, principalmente nos sítios ermos, muitas vezes pesquisei o céu pela noite alta, esperançoso de ser raptado por um deles e devassar o mistério fascinante desses objetos não identificados que há anos vêm fazendo desafio à curiosidade humana. Nunca consegui. Não sei se por não despertar neles nenhum interesse para pesquisas ou por eles andarem ocupados com assuntos mais interessantes do que eu, o fato é que nunca os vi, por mais que perscrutasse o nosso céu estrelado e belo.

É natural que, ao chegar aqui, a curiosidade daqueles tempos voltasse a incomodar-me e o interesse por esses aparelhos curiosos reaparecesse. Afinal, então eu estava de posse de novas lentes. Podia enxergar o que os homens não podiam, saber o que aos homens é negado pelos limites da carne. Eu podia, então, descobrir o segredo palpitante dos discos voadores que tanto vem intrigando os estudiosos na Terra.

É claro que exultei. Eu seria o primeiro a dar o "furo" a respeito, contando a vocês a verdade nua e crua sobre esse mistério que vem desafiando a Ciência dos homens.

A princípio, tentei pesquisar por mim mesmo. Assim que pude, já que agora desfruto de liberdade dentro da nossa área de ação, saí, perscrutando o horizonte e pensei: Será que esses engenhos curiosos saíram do nosso plano? Será, que por uma combinação de energia, nossos cientistas não teriam descoberto a maneira de materializar na Terra nossos aparelhos de locomoção tão ágeis e perfeitos?

Eles possuem todas as características dos chamados "discos". Muitos deles, segundo observei, são esféricos e podem parar no ar, subir e descer verticalmente com velocidade incrível.

Já pensaram, por exemplo, na celeuma que aconteceria se eles, de posse de nova descoberta, materializassem esses aparelhos na Terra por uma hora ou duas?

Resolvi começar aí minhas investigações. Depois do que tenho visto aqui, meus conceitos sobre atividades científicas têm mudado muito.

Em minha hora de lazer dirigi-me a um campo onde circulam esses aparelhos. Era um local maravilhoso, e vendo o bem-cuidado gramado, fiquei um pouco decepcionado. Não vi as tão faladas queimaduras de mato que os discos deixam na Terra como sinal de sua aterrissagem. Mas não podia desistir sem ir até o fim.

Havia um prédio térreo, simples e agradável, onde muitos iam e vinham, alguns com o uniforme de piloto. É que ali havia o adestramento para os condutores do veículo.

Entrei. No hall, um balcão. Aproximei-me. Uma senhora atendeu-me com fisionomia agradável. Fui logo ao assunto:

– Sou repórter – esclareci. – Escrevo para a Terra e desejo visitar este centro de trabalho. Quero escrever para os meus amigos.

Ela sorriu, admirada:

– Você tem conseguido?

– Tenho.

– Acha que esse assunto irá interessá-los? Não acha que será difícil para eles entender e aceitar?

– Não sei. A maioria aqui pensa assim, mas as coisas por lá estão indo depressa. Tem tido notícias?

Ela balançou a cabeça:

– Não muitas. Desde que regressei, e isso já faz mais de sessenta anos, raras vezes fui até lá. Meus familiares também já regressaram e, no momento, meus interesses estão mais aqui. As poucas tentativas que fiz foram tão improdutivas que desisti.

– Pois eu não. Ainda estou muito ligado à Terra. Amo-a tanto que vivo dividido.

Ela olhou-me, curiosa.

– Como assim?

– Metade aqui, metade lá. A metade que está aqui pensa como os daqui, mas a outra metade ainda pensa como se estivesse lá. Deu para entender?

– Deu – fez ela, admirada. – Mas, ainda assim, acho que eles não vão se interessar pelos nossos veículos. Como explicar-lhes as leis físicas do nosso plano?

– Não penso em entrar nesse campo. Não entendo nada do assunto. Acho que não saberia.

– Então, o que pretende?

– Saber como funcionam, isto é, seu raio de ação. Por exemplo: acha que eles têm-se deslocado até a atmosfera terrestre?

Ela balançou a cabeça.

– Não saberia dizer. Nunca pensei nisso. Aliás, para que iriam mergulhar em atmosfera tão densa? Com que fim? Que eu saiba, eles fazem simplesmente o transporte rápido entre os umbrais e as nossas cidades, sem pretensão ou outras atribuições.

– Será? indaguei, com ar misterioso.

Ela franziu o cenho, surpresa.

– Acho que sim. Isto é, nunca pensei nisso.

– Gostaria de conversar com alguém que pudesse esclarecer-me. Posso?

– Vamos ver. É a primeira vez que aparece um repórter da Terra por aqui. Um momento, vou perguntar.

Satisfeito, aguardei.

Ela afastou-se e entretive-me observando os que passavam. Havia muito movimento de pessoas, alguns de fisionomias alegres, outros preocupados e tristes, mas todos escoltados, invariavelmente, pelo piloto e por um assistente.

No campo, as aeronaves, ou melhor, as espaçonaves, ou ainda, as naves, nomenclatura mais adequada, os possíveis discos voadores, iam e vinham, sem grande ruído mas com regularidade. Entretanto, para os meus olhos curiosos e observadores de repórter, não apareceu nenhum ser diferente de anteninhas atentas, nem os famosos homens verdes tão conhecidos dos ufólogos terrenos. Quem sabe, pensei, se eles, quando vão à Terra fantasiam-se para não serem confundidos com os outros homens? Quem sabe se eles não conseguem ainda manifestar-se no ambiente da Terra de forma diferente?

Eu precisava descobrir. Tinha visto muitas fotografias dos discos voadores e confesso que a semelhança era grande. Achei que estava na pista certa.

Ela voltou indicando-me a direção:

— Siga pelo corredor à direita, a segunda sala. Procure pelo assistente Alberto. Poderá atendê-lo por quinze minutos.

Agradeci e, rápido, dirigi-me à sala indicada. Alberto recebeu-me afável, mas sério. Gestos pausados, olhar firme.

— Disseram-me que você é repórter. Tem aval?

— Tenho – afirmei, tranqüilo.

Por certo, se eu não tivesse permissão para trabalhar, não me atenderia.

— Muito bem, em que lhe posso ser útil?

— Não conheço bem nossos meios de transporte. Gostaria de aprender. Escrevo para a Terra.

— Muito bem. Disponho de quinze minutos. Vamos sair. Desejo mostrar-lhe nossa organização.

— Esses aparelhos são fabricados aqui?

— Não – respondeu ele, calmo. – Há um centro de pesquisa que os idealiza e depois um outro que os fabrica. Aqui só mantemos a estação central, de onde as naves saem para as diversas atividades do nosso plano.

Saímos. Passamos por salas diversas de trabalho, com painéis, botões, luzinhas e gráficos, como devem ter todos os "naveportos" que se prezam.

— Quais os limites dessas naves? – inquiri, curioso.

— Elas gravitam em determinada faixa de nosso plano e não conseguem circular senão dentro desses limites, aliás, como todos os engenhos desse tipo.

— Poderiam excursionar até a crosta terrestre?

— Sim. Poderiam, e muitas vezes o fazem, transportando pessoas dos postos de socorro e atendendo trabalhos urgentes.

— Ah! – fiz, pensativo.

— Mas não é comum chegarem a tanto. Para isso dispomos de veículos mais simples, de tração mais pesada, e que se assemelham muito aos veículos terrenos.

— Alguns homens encarnados poderiam "ver" essas nossas naves?

— Claro. Como você deve saber, há na Terra muitas pessoas que são sensíveis a nossa dimensão de vida e conseguem não só perceber como até visitar nosso ambiente. Nesses casos...

— Refere-se aos médiuns?

— Sim.

— Ah!... E, não sabe se por um acaso nossos cientistas já conseguiram materializar na Terra um desses veículos?

— Com que finalidade?

— Isso não sei. Para pesquisar melhor, para despertar o interesse da ciência para as coisas do nosso mundo. Muitos deles, como você, ainda são materialistas.

Ele olhou-me curioso. Naquele momento, senti-me um pouco ridículo. Como aquele homem equilibrado e sóbrio poderia compreender e justificar minha suposição?

Respondeu sério:

– Não. Acho que não. Seria um esforço inútil e muito dispendioso. Gastariam muitas horas, muita energia, muito esforço, muito trabalho para conseguir tão pouco que não os acredito dispostos a tentar.

– Acha que provar a nossa existência, solapar o materialismo do mundo não seria um bem?

– Claro. O materialismo tem sido causa de muito sofrimento, de muita perda de tempo, de muitos erros dos homens. Mas, não acha que a vida guarda recursos mais eficientes e mais oportunos para fazer isso?

Fiquei pensativo. Ele prosseguiu:

– O homem só compreende quando sente, só aprende quando experimenta.

– Então, não há nada a fazer com os materialistas, os negadores inveterados?

– Nada a não ser esperar pela ação do tempo. Afinal, a morte tem sido, em todas as épocas, eficiente meio de mostrar essa verdade. Mas, você já reparou que alguns nem assim conseguem acreditar?

Era verdade. Muitos, até depois de mortos na carne, não conseguiam perceber o espírito eterno. Fiquei sem assunto. Ele, cortesmente, ofereceu:

– Gostaria de viajar em um dos nossos veículos? Já experimentou?

– Não. Ainda não tive ocasião.

– Muito bem. Meu tempo esgotou-se e preciso ir. Vou apresentá-lo a um dos nossos pilotos.

Acenou para um deles que passava, apresentando-me e dizendo:

– Acho que ele vai pelo seu roteiro. Em todo caso, leve nosso amigo para conhecer seu itinerário todo, se é que ele dispõe de tempo.

– Obrigado – agradeci, apertando-lhe a mão.

— Meu nome é Mário — apresentou-se o piloto.

— O meu é José — respondi, contente.

Afinal, eu ia viajar num daqueles fabulosos aparelhos. Fiquei emocionado. Bem que ele poderia mesmo ser um disco voador.

Aproximamo-nos do veículo em forma de esfera, com uma plataforma ao redor, como um anel de material semelhante ao metal, ao aço da Terra. Não estava no solo, conservava-se a um metro do chão. "Talvez seja por isso que ele não queime a grama", pensei, esperançoso.

Pequena escada de material leve dava acesso à porta que, levantada, aguardava nossa entrada. Convidado a subir, entrei com entusiasmo.

Afinal, estava ingressando em um disco voador que podia não ser dos mesmos que aparecem na Terra de vez em quando, mas que era muito parecido, lá isso era.

Dentro era mais espaçoso do que se podia perceber do lado de fora. Algumas poltronas no centro e ao redor, cabinas e painéis de comando, com aparelhagem específica e complicada que não saberia descrever.

Algumas pessoas sentadas, algumas senhoras, três cavalheiros e dois adolescentes. Em um canto, uma maca, alguns aparelhos para socorro. Duas enfermeiras.

Fiquei agradavelmente surpreso. Mário apresentou-me, atencioso. Depois esclareceu:

— Nossa rota agora é especial. Precisamos transportar alguns amigos em precárias condições e estamos equipados para isso. Nossos irmãos médicos, as enfermeiras e alguns familiares dos nossos tutelados.

— Quer dizer que esta nave destina-se ao socorro?

— Sim. Vamos descer a um pronto-socorro nas proximidades da Terra. Uma ambulância transporta já os nossos amigos. Desencarnados violentamente, já há algum tempo, foram assistidos em uma casa de socorro na Terra mesmo.

Agora, estando desligados dos vínculos mentais mais fortes, foram colocados na ambulância, e nós devemos resgatá-los.

Esqueci-me dos discos voadores e de tudo o mais.

– Casa na Terra? Poderia ser mais claro?

– Por certo. Um trabalho de socorro em um Centro Espírita. Você que escreve para a Terra não conhece isso?

– Ah! – respirei, aliviado. – Claro.

– Então. Eles fizeram o trabalho de desligamento sob a direção dos nossos maiores, e agora compete-nos recolhê-los.

– Todos os que desencarnam violentamente são recebidos assim?

– Claro que não. Esses dois irmãos que vamos buscar desfrutam de intercessão do mais alto, em virtude das boas obras que fizeram. Estão unidos ao nosso plano, de onde saíram para reencarnar, e durante sua estada na Terra nos prestaram serviços apreciáveis.

– E por que desencarnaram de forma violenta?

– Era necessário. O passado sempre cobra suas contas. Aliás, eles concordaram. Estava no programa deles.

– Ah! – fiz sério, diante da importância do trabalho que íamos desempenhar.

Olhei pela janela, a paisagem era densa já, e a neblina envolvia a nave.

– A paisagem é sempre essa, assim, sem visibilidade? – inquiri, curioso.

– Não, claro que não. Observe, vamos sair dessa faixa. Estamos chegando.

De fato, a claridade já se fazia filtrar pela neblina, que foi escasseando, e o céu azul e límpido surgiu brilhante.

– Estamos na Terra? – perguntei, curioso, olhando o casario lá embaixo, já visível.

– Quase. Mas não vamos baixar até lá. A densidade e o magnetismo terrestre podem desajustar nossos instrumentos.

– Não diga! E não descobriram meios de controlar isso?

– Talvez. Mas não temos necessidade de chegar lá. Nossas ambulâncias chegam até nós.

Sorri admirado. Ambulâncias aéreas! Nunca teria imaginado.

Mas era verdade. Havia uma estrada onde baixamos nossa nave e onde já nos aguardava uma ambulância.

Simpáticos assistentes nos atenderam com satisfação. Enquanto eles faziam o transporte dos feridos, olhei para baixo. Lá, bem lá embaixo, a cidade terrena, e nós, lá em cima, no sagrado ministério do socorro.

Podem imaginar como me senti? Que disco voador poderia oferecer-me tanta admiração, tanta alegria, tanta devoção?

E, na viagem de regresso, enquanto o atendimento se processava com aqueles companheiros, não pude deixar de orar, de participar, de agradecer. Poderia haver felicidade maior?

Quando deixei a nave, depois de transportados os doentes ao hospital, e de despedir-me dos amigos, senti-me feliz, muito feliz.

Afinal, não tinha ainda descoberto o mistério dos discos voadores para contar a vocês, mas, será que não descobri algo melhor?

Também não posso afirmar taxativamente que nossos veículos não sejam os instrumentos não-identificados que por vezes têm sido vistos na Terra. Afinal, ainda não consegui descobrir ao certo. Mas, conhecendo-me como me conhecem, não acham que de qualquer forma vou continuar a investigar? Assim que souber, voltarei para contar.

A REQUISIÇÃO

Em que pese a nossa auto-suficiência, há sempre um dia, uma hora, um momento em que nos encontramos na contingência de pedir.

Por mais orgulhosos que sejamos, por mais independentes que pretendamos ser, há momentos em que tudo isso cai por terra e nos vemos qual folha batida pelo vento, sentindo o peso da nossa própria indigência, diante da necessidade de buscar a ajuda do semelhante.

Assim, a hora do pedido, da dor, da realidade e da necessidade soa sempre para cada um, fazendo-o compreender seus próprios limites, e, por que não dizer, sua dependência.

Sei que alguns não vão concordar comigo, porque vão dizer que podem viver sozinhos, que têm dinheiro ou que jamais precisaram pedir o que quer que seja nem a Deus.

Essa posição o tempo se encarregará de modificar, e é por isso que os fantasmas conscientes, que já estão a serviço do bem, socorrendo as almas "atormentadas" do mundo, têm nele o grande aliado. Coloca-os muitas vezes na posição de espectadores interessados e atenciosos, a aguardar o precioso momento em que seus tutelados tomam consciência da realidade.

Por outro lado, enxameiam os pedintes de todos os quadrantes, dependentes acomodados, a tecer longos discursos numa lista infindável e sempre renovada de necessidades, como se seus protetores desencarnados possuíssem uma varinha mágica. Muito deles dirigem-se sem pejo nem consideração aos santos famosos e bem-aventurados, cujas imagens cultuam religiosamente, benzidas e iluminadas com velas semanais, exigindo isso ou aquilo, como se eles tivessem a obrigação de resguardar o próprio prestígio atendendo-lhes as rogativas.

Claro. Imaginam que um santo famoso que se preze precisa manter sua fama e deve produzir um milagre de vez em quando, e zelar pelos seus adeptos como um superpai, naturalmente, já que é um ser que possui poderes e graças.

Irritam-se se por acaso seus rogos não são ouvidos, e alguns mais indignados "castigam" o santo, suprimindo as velas por algumas semanas, ou colocando suas estátuas amarradas e em incômodas posições. Se ainda assim não conseguem seus intentos, mudam de devoção. Afinal, para que existem tantos santos na calendário?

E o que dizer daqueles que repartem seus lucros financeiros com porcentagem para os espíritos e até para Deus?

Até que ter um santo forte como sócio nos negócios pode ser mesmo muito rentável. Quem teria coragem de pôr olho gordo com um sócio dessa estirpe? Que negócio iria falhar com um parceiro luminar?

Depois, ele por certo não reclamará das porcentagens recebidas; afinal, para eles, interessados nos bens espirituais, tudo está bem.

Há ainda os que pedem a intervenção divina em seus problemas prometendo em troca as mais inusitadas compensações que, em última análise, apenas beneficiarão a si mesmos. "Se eu conseguir o que desejo, prometo deixar de fumar"; ou então, "se eu conseguir o que quero vou a pé de tal a tal lugar"; ou ainda, "Se alcançar esta graça dou tanto para os pobres." Querem "emprestar" a Deus, como se ele estivesse necessitado, e como se o pedinte tivesse algo para "emprestar".

Nessa hora eu gostaria de perguntar: Quem está endividado, já em concordata e em vias de falência, tem algo que seja para pagar as dívidas?

Mas esses dependentes contumazes não sabem que as orações são medidas não pelas palavras, não pelas oferendas, não pelos sacrifícios que lhes trarão benefícios, e por certo não comprarão os favores divinos, mas sim pelo teor dos sentimentos, pelas reais necessidades do pedinte, pelo interesse que demonstre em lutar, reagir, trabalhar, melhorar e ajudar os outros.

Esse conjunto de sentimentos é que produz um grau de vibração que alcança os planos mais elevados e que determina o atender, como e quando, de que maneira, a solicitação. Eles possuem condições de examinar a situação e resolver, de maneira justa, certa, oportuna, como atuar.

Por isso, na Terra, muitos cansam-se de pedir, rogar, e apesar de seus protetores estarem circulando ao seu redor tentando auxiliar, não conseguem ser atendidos.

Conhecedor de tais problemas, resolvi ir ao centro de registro da nossa comunidade, em uma tarde de sábado, quando dispunha de algumas horas de lazer, para observar ali como funcionavam nossos serviços de atendimento às rogativas.

Fui atendido por uma moça atenciosa que me recebeu muito bem.

– Sou repórter – comecei, como sempre. – Escrevo para a Terra.

Ela não estranhou. Disse com simplicidade:

– Tarefa difícil. Tem tido boa receptividade?

– Estou tentando. Os amigos gostam e aceitam o que escrevo. Mas o futuro dirá se terei sucesso.

– Já calibrou sua receptividade?

– Como assim?

– Testar o grau do seu aparelho receptor e depois o reflexo do percentual que conseguiu filtrar nas pessoas que o lêem.

– Não – respondi, admirado.

111

Jamais me passara pela cabeça munir-me de aparelhagem especial para esse tipo de teste.

– Pergunto porque aqui possuímos aparelhos de simples manejo que podem decodificar tudo, registrar as emoções, selecioná-las e revelar em detalhes o que precisamos saber.

Abanei a cabeça um tanto embaraçado:

– Não diga! Mas, por agora não pretendo realizar essa pesquisa. Afinal, eu não saberia, e o meu trabalho é muito modesto. Estou apenas começando.

– Ah! – tornou ela, olhando-me firme, como que querendo penetrar meus mais íntimos pensamentos.

Sustentei o olhar, e ela esclareceu:

– Muito bem. Vou designar uma pessoa para atendê-lo e conduzi-lo às nossas dependências.

– Obrigado – respondi, satisfeito.

Depois de alguns minutos veio ao meu encontro um homem forte, aparentando meia-idade, alto, vestia avental branco e tinha um crachá na lapela.

– Sou Osmar – apresentou-se. – Fui designado para acompanhá-lo em sua visita.

– Obrigado. Eu sou José. Escrevo para a Terra.

– Eu sei. Já o conheço.

Um calor aqueceu-me o coração. Era evidente que ele tinha sido brasileiro. Ter-me-ia visto na Terra como artista?

Ele esclareceu:

– Sei que foi famoso por lá, mas não foi do meu tempo. Eu vim para cá há mais de trinta anos. Naquela época não havia televisão. Eu trabalho nos registros de recepção da nossa cidade e posso dizer que já recebi algumas de suas solicitações. Você sempre pede com muita veemência, e se falar adiantasse, teria conseguido tudo quanto pediu.

Olhei-o curioso. Por mais que viva por aqui não me acostumo com essa penetração íntima que me parece adivinhação sobrenatural e que sempre me causa estupefação.

– Sempre tive argumentos para falar – comentei, sem saber o que dizer. Quantas preces tinha formulado, quantos pedidos havia feito desde que acordara no outro lado da vida?

– O que gostaria de visitar? Nosso centro é grande e precisamos centralizar nossa atividade para ser produtiva.

– Sempre tive curiosidade de ver um centro de registro das rogativas.

– Muito bem. Venha comigo.

Acompanhei-o pelos corredores espaçosos e claros onde suave melodia em surdina enchia o ar. Entramos em uma sala onde, na penumbra, alguns atendentes observavam alguns aparelhos, colocando fichas, recolhendo-as, selecionando-as atenciosos. Minha curiosidade aumentou. Por que essa penumbra?

Osmar conduziu-me até um aparelho que se assemelhava a um computador terreno. Estava desligado.

– Este é meu setor de atividades. Estou em hora de descanso, mas vou trabalhar para que você veja como tudo funciona.

– Por que a sala está tão escura?

– Para não destruir as energias tênues. Na obscuridade elas se tornam visíveis. É preciso muito cuidado para não se cometer nenhuma injustiça. Se por acaso falharmos em nossa tarefa, o que é difícil, somos convidados a deixar o centro e ir ajudar o caso em que prejudicamos, até repor nossa interferência e compensar a falha cometida.

– Ah! – fiz, admirado. – Você já teve um caso desses?

– Já. Tive de organizar um grupo de socorro e trabalhar arduamente para consertar meu descuido.

– E depois pôde voltar ao trabalho naturalmente.

– É. Eles acham que o erro, quando visto com responsabilidade e corrigido, nos ajuda a ser mais firmes e seguros.

– Ah! – foi o que pude dizer.

– Veja, vou ligar o aparelho. Observe.

– São pedidos da Terra?

– Não obrigatoriamente. Devo esclarecer que a maioria dos pedidos comuns da Terra não chegam até aqui. São absorvidos pelos postos que estão mais perto, coexistentes com a crosta. É preciso certo poder mental, certo teor de vibração para conseguir chegar aqui em nossos registros. E note que nosso plano ainda é muito terreno.

Ele ligou alguns botões e logo as fascinantes luzinhas coloridas começaram a piscar, e em um painel começaram a aparecer energias coloridas em ritmo cadenciado, que eu podia perceber serem equivalentes à voz humana.

– Este registro é de uma pessoa da Terra.

– Se chegou aqui é porque tem força!

– É, tem força de vontade, sentimentos, fé. Vamos ver.

E aí, que maravilha, em uma tela junto ao painel apareceu a figura de um jovem de uns dezoito anos mais ou menos. Estava em um quarto, e orava comovido. De sua cabeça saíam jatos de luz que alcançavam nosso aparelho, e eu pude sentir, emocionado, o impacto da sua vibração altamente espiritualizada. O ambiente era de classe média, no leito um homem agonizava. Ao redor, uma mulher abatida e duas crianças assustadas.

Osmar, embora comovido, tornou:

– Pede pela vida do pai. Vamos ver.

Rapidamente acionou alguns botões e apareceu na tela um casal jovem e, maravilha, o espírito do jovem em oração despedindo-se dos amigos para renascer.

– Seja feliz na sua tarefa – dizia-lhe um assistente espiritual.

– Só peço que não me dêem facilidades para que eu não venha a fracassar.

– Fique tranqüilo. Quando chegar a hora você assumirá a família. Estará ocupado.

– Que não seja muito tarde, porquanto espero escapar das tentações da mocidade.

– Está vendo? – ajuntou Osmar. – Ele pediu, foi programado. Vamos falar com seu guia espiritual.

Ele acionou o aparelho e um rosto simpático apareceu na tela.

– Aqui é o posto três de escuta. Recebemos a rogativa do seu tutelado. O que nos pode dizer? Quais as providências que solicita?

– Estou comovido. Mas o desenlace está programado. Peço ajuda para a esposa, que não tem ainda muito entendimento. Nosso amigo está bem. Já providenciamos um grupo espírita para socorrê-lo e iniciá-lo na tarefa. Tudo em paz, na graça de Deus. Ele terá de trabalhar duro para sustentar a família e deixará os estudos por enquanto, conforme o que foi programado.

– Muito bem. Mandaremos o pedido, e pode aguardar nossa assistência.

Osmar recolheu uma ficha, desligou o aparelho e colocou-a em uma abertura por onde ela desapareceu.

Eu estava curioso e emocionado.

– E então? Quer dizer, que apesar de todo seu merecimento, ele não vai ser atendido em sua rogativa?

– Ao contrário. Ele vai ser atendido. Não em seu pedido atual, mas no pedido que fez como espírito de posse de toda sua lucidez!

– Que maravilha!

– Mas vamos dar-lhe toda a cobertura. Não lhe faltarão os recursos do trabalho honesto para o pão de cada dia, nem saúde, nem apoio espiritual. Terá a luz da Doutrina Espírita a esclarecer-lhe o caminho e a consolá-lo nas lutas da Terra. E ainda desenvolverá suas potencialidades espirituais pela mediunidade, atendendo vasto serviço de benefícios ao próximo em nome do Cristo. Terá ajuda segura em tudo isso, desde que não se afaste dos caminhos a que se propôs no Plano Maior.

– E, se isso acontecer?

– Buscaremos alertá-lo. Mas foi por isso que ele pediu as dificuldades. Para evitar o período mais perigoso, que é o da adolescência e da primeira mocidade.

– Ah! – fiz, emocionado.

– Vamos sair. Nosso tempo esgotou-se, tenho outros compromissos daqui a pouco.

– Agradeço muito sua atenção. Deve ser maravilhoso viver como você. Penetrar tantas almas e conhecer os segredos da ajuda real e verdadeira.

Saímos em silêncio. Fora, ele me disse:

– Não pense que eu seja um privilegiado. Estou aqui para aprender o valor da verdadeira prece. Quando na Terra, fui pedinte contumaz. Não fazia nada sem dividir a responsabilidade com os outros, com os santos, e até com Deus. Cobrava sempre, exigente e revoltado quando não conseguia o que pretendia. Aqui, depois de servir em várias áreas, compreendi que não me libertava da dependência e pedi para trabalhar nesta tarefa a conselho dos nossos maiores. Comecei em um posto na Terra mesmo, onde o peditório é mais confuso e difícil. Depois, com o tempo, consegui vir para cá. Pode ter a certeza de que aprendi muito. Já não peço coisas desnecessárias e impossíveis. Só requisito o que preciso depois de muito pensar, e raramente. Afinal, Deus sabe o que é melhor para mim. Ele não dorme em serviço.

Sorri à brincadeira, agradeci e saí, preocupado com as requisições que vinha fazendo ultimamente.

Mas, de uma coisa tenho certeza e não abdico: a vontade de escrever a vocês. E..., se eles estão deixando é porque acham que estou aprendendo e sendo útil de alguma forma.

Não pensam como eu?

DESENCARNE

O relógio bateu dez horas e levantei-me esperançoso. Havia duas horas que me encontrava no quarto do hospital e o quadro não oferecia mudança. O mesmo problema difícil do desprendimento, da hora extrema em que o espírito, atordoado e inseguro, habituado às amarras carnais durante anos e anos de dependência, receia o salto para o outro lado.

Não se recorda da outra vida, carrega laços de afetividade alimentada durante sua permanência na Terra. E, como sempre acontece, por mais que nós, seus amigos do outro mundo, tentemos transmitir pensamentos de calma e de confiança, o enfermo em vias de libertação prefere agarrar-se ao mundo com unhas e dentes e retardar o momento do desligamento, mesmo ao preço doloroso dos achaques e mazelas da carne em disfunção.

O que fazer? Nós também fizemos o mesmo quando nos tocou a vez. Por mais que nos falem sobre a outra vida ou sobre a vida que continua em outra dimensão, não podemos nos furtar, lá no fundo, no fundo, ao receio do desconhecido. Depois, como dissociar o corpo físico do nosso eu, se durante tantos anos ele foi uma extensão nossa e tanto nos amoldamos a ele no comando de suas funções como instrumento de nossas manifestações e percepções no mundo? Receamos, ao ficar sem ele, não ter mais possibilidade de usufruir da mesma lucidez e do mesmo grau de consciência.

Ilusão, tudo ilusão. Mas é tão forte que às vezes se torna preciso ajudar o desligamento com algumas providências especiais.

Espiei o rosto de Ernesto. Estava pálido e emagrecido. Sua respiração era irregular, porém o coração resistia, impávido, aos atropelos e dificuldades de um corpo já desgastado e com seus sistemas comprometidos.

Eu o tinha conhecido quando estava no mundo e apreciava-o, apesar da timidez do seu caráter introvertido. Sempre pobre de palavras. Era cumpridor de suas obrigações como funcionário da seção de Divertimentos Públicos do Estado, onde expedia os alvarás para as casas de espetáculos.

Gostava de teatro, e como tinha entrada livre, quase sempre comparecia aos meus espetáculos. Nossa amizade datava daquela época, e agora, em minhas atividades periódicas de socorro, eu fora designado pela nossa equipe para uma visita, para verificar por que ele ainda não tinha conseguido desvencilhar-se dos laços carnais.

Havia um atraso em sua chegada e seu guia espiritual, que o vinha assistindo, pedira auxílio; e eu ali estava para averiguar o que estava acontecendo.

Apesar de muito mudado, logo ao entrar o reconheci. E, com emoção, recordei nosso relacionamento amistoso, com funda saudade.

De repente, a vida nos prega peças, colocando-nos comovidos e emocionados frente a nossas lembranças guardadas com carinhosa emoção. Bons tempos aqueles. Não que agora eu não esteja bem, muito pelo contrário, a vida aqui é ampla, plena, intraduzível. A felicidade, o sentimento, a certeza do futuro melhor, nos balsamizando o espírito. Voltar a renascer na Terra nos assusta muito, mas a recordação daqueles tempos acalenta meu coração, acelerando suas batidas, e reconheço que me sensibiliza até as lágrimas.

Eu estava ali havia duas horas. Logo à chegada, Manoel, o assistente de Ernesto, que o vinha acompanhando há anos e com o qual mantinha laços de ligação entretecidos em vidas passadas, recebeu-me atencioso.

– Ainda bem que veio. Estava já preocupado. Ernesto não quer ouvir-me. Tenho tentado fazer-me visível, mas ele agarra-se ao corpo, repudia meu pensamento e nada consegui. Penalizam-me seus sofrimentos. Já devia ter-se libertado, porém, não quer aceitar o desligamento. Por isso pedi ajuda. Quem sabe nossos maiores possam ajudá-lo?

– Vamos ver o que se passa – ajuntei, interessado. – Vamos nos concentrar.

Fixei meu pensamento no frontal do enfermo. Ernesto pensava:

– Quero viver! Não vou morrer! Não quero. Isto não vai acontecer comigo.

– Acalme-se Ernesto. Confie em Deus. A morte do corpo não é o fim. Vim para provar-lhe isso.

Ele nem pareceu ouvir. Agarrado ao corpo, seu pensamento dominante era de resistência.

Esse não era o primeiro caso que eu assistia. Tinha presenciado muitos outros, e havia várias formas de persuadilo. Mas Ernesto parecia irredutível, não dava o mínimo acesso a qualquer ajuda possível do nosso plano. Cortara voluntariamente todos os elos de ligação mental com o nosso mundo.

Todavia, seu corpo físico estava tristemente descomposto, e os médicos não podiam compreender como Ernesto não morria. Quando parecia que ele ia exalar o último suspiro, de repente novo sopro de vida se lhe aparecia, causando espécie não só nos médicos, como até na família.

Sem ter conseguido modificar o quadro a que assistia e percebendo que a situação era de urgência, apelei para o meu superior que assistia às atividades do nosso grupo. Chamado ao local, prontificara-se a comparecer às 10h, e eu aguardava sua presença sempre oportuna e operosa.

Não tive que aguardar muito. Jaime entrou no quarto em companhia de uma jovem senhora. Seu rosto era tão agradável que eu não saberia dizer se por causa da extrema beleza de seus traços ou das radiações de simpatia, de alegria que transmitia.

– Essa é nossa amiga Cora.

– Muito prazer – respondi, contente.

Jaime aproximou-se do leito, colocou a mão sobre a testa do enfermo durante alguns instantes e depois tornou:

– De fato, está mal. Vamos ajudá-lo.

Duas enfermeiras do nosso plano entraram, colocando-se ao lado do leito. Jaime esclareceu:

– Eu podia desligá-lo já, cortando os laços mentais que o prendem ao corpo, mas seria muito melhor se contássemos com alguém encarnado que pudesse ajudar.

– De que forma? – indaguei, curioso.

– Esclarecendo-o. Recusa nosso pensamento, agarra-se ao corpo, mas por certo ouvirá o que uma pessoa encarnada lhe disser.

– Mas ele não está em coma? Como poderá ouvir?

– Não vai ouvir através do corpo, mas como espírito. Acredito que não se recuse a entender.

– O que vamos fazer? – perguntei, interessado. Como encontrar alguém ercarnado que lhe fale o que precisa ouvir?

– Deixe comigo – disse Cora. – Vou resolver isso.

Saiu, e logo depois, uma enfermeira encarnada entrava no quarto. Cora a acompanhava. A enfermeira aproximou-se do enfermo com sentimento de piedade.

– Pobre homem – pensava. Como sofre. Melhor seria que partisse. Seu espírito está preso ao corpo. Como ajudar?

Passou os olhos pelo quarto e, decidida, aproximou-se mais dele.

– Só Deus pode ajudá-lo – pensou. E proferiu comovida oração em favor do enfermo.

Cora, satisfeita, acercou-se dela, colocando sua mão direita sobre sua testa.

– E se eu conversasse com o espírito dele? – pensou a enfermeira. – Talvez dê resultado.

Em voz baixa, porém firme, começou dirigindo-se a Ernesto:

– Sr. Ernesto. Pode ouvir-me? Quero socorrê-lo. Sou sua enfermeira. Quando chegou aqui, conversamos muito. Não se recorda?

Apesar de não perceber nenhuma alteração no doente, continuou:

– Desejo seu bem. Confie em Deus. Descanse seu espírito. A vida é eterna. Não tenha medo. Seu corpo está no fim. O que espera ainda dele?

Nós permaneceríamos em prece fervorosa. Vi quando o espírito de Ernesto ergueu-se um pouco do corpo, procurando perceber a enfermeira. Jaime aproveitou e emitiu energia sobre ele, que por alguns instantes saiu do torpor em que se encontrava, fixando a enfermeira.

Ela continuava:

– Sei que amigos dedicados o esperam do outro lado da vida. Por que se recusa a seguir?

– Tenho medo! – tornou ele, trêmulo.

Assistida por Cora, ela continuou:

– Seu medo não se justifica. A vida continua. Largue esse pobre corpo que já lhe serviu tanto tempo. Deixe-o agora e verá como vai ficar bom. Todo seu mal vai desaparecer. Ficará forte e curado. Olhe ao seu redor e veja.

Naquele momento, ajudado por Jaime e Cora, ele olhou para mim:

– Dr. Silveira! – gritou, assombrado. Estarei sonhando? O senhor está vivo?

– Sim – respondi, alegre. – Estou vivo. Vim buscá-lo. Logo você estará curado e feliz como eu. Venha comigo, deixe esse lugar de sofrimento. Quero mostrar-lhe o nosso mundo, a beleza da vida, a luz da alegria e a bênção do amor!

Fixou-me comovido e respondeu com esforço:

– Sim. Eu quero ir. Quero viver. Quero ir com o senhor.

E desfaleceu. Foi então que Jaime, trabalhando rápido, assistido pelas duas enfermeiras do nosso plano, desligou definitivamente o espírito de Ernesto, enquanto a enfermeira encarnada, após comovida prece, percebeu que o seu doente acabara de morrer.

E enquanto nossa equipe, com carinho e presteza, atendia às últimas providências ao espírito do Ernesto adormecido, eu, a um canto, agradeci a Deus por ter podido participar. Não me envergonho de dizer que naquele momento não consegui conter o pranto e, emocionado, comecei a chorar.

Será que poderão compreender o que senti?

Navegando em berço esplêndido, ninguém pensa na dor enquanto ela não aparece. Mas, assim que ela aponta, procuramos atacá-la de todas as formas para nos libertarmos o mais depressa possível.

Tanto as dores físicas quanto as dores morais têm sido combatidas, embora se apregoem pelo mundo suas virtudes e sua utilidade.

Dor? Nunca! Deus, apesar de permiti-la, permitiu também que se descobrisse o analgésico que tem ajudado o homem nessa luta contínua.

Mas se as drogas atuam no corpo e às vezes embotam as percepções da alma, ainda não existe remédio seguro para as dores profundas do espírito. Por mais que o homem mergulhe no álcool ou nos alucinógenos até a inconsciência, sempre voltará às feridas dolorosas que guarda no íntimo.

E eu pergunto: O que adianta o analgésico se o tumor está lá? De que valem os paliativos se a moléstia permanece?

O homem adora paliativos. Sempre tenta panacéias, desde que o mundo é mundo. E, o que lhe tem valido? Por acaso elas resolveram seus problemas? Acredito que não.

O medo de enxergar sua ferida, de corajosamente tentar curá-la, tem sido agravante maior dessa situação calamitosa em que muitos se debatem.

Se tivéssemos essa coragem, será que a Terra seria esse "vale de lágrimas" que muitos acreditam? Será que essa imagem dolorosa não seria vencida em definitivo?

Talvez. Esses casos de valentia, de coragem, são pouco numerosos, e o medo em todas as suas faces tem acompanhado a maioria, limitando seu progresso e seu amadurecimento, retardando sua libertação.

Por isso, muitos companheiros chegam aqui em nosso mundo completamente derrotados, desiludidos, tendo lutado a vida inteira para fugir de todas as dores, trazendo-as ainda como bagagem volumosa nessa viagem compulsória e indesejada. Se o medo da verdade, de conviver com a dor, de entendê-la em sua função libertadora era constante quando na carne, aqui, onde tudo obedece às leis das quais ele se encontra distanciado e esquecido, é ainda pior.

Se na Terra o homem era escravo do medo, aqui corta e fecha as possibilidades da ajuda e do esclarecimento.

Há de ver-se o trabalho que desenvolvem nossos companheiros no socorro e no atendimento dos que chegam, muitas vezes requisitando providências trabalhosas para que aceitem o novo estado.

Às vezes fico pensando. Será que o medo constante de sofrer, de ter dor, não a fortalece? Será que, pensando nela, tendo a vida inteira lutado para derrotá-la, não a alimentamos? É o que sinto quando vejo aqui irmãos nossos que, apesar de terem se libertado da carne, ainda cultivam ódios, mágoas, ambições, e cristalizam a mente no passado doloroso que alimentam e revivem.

Parece masoquismo, mas é assim mesmo. O medo pregando-nos essas peças. Embota-nos as idéias e deturpa os acontecimentos.

Por isso é que os estudiosos modernos, os psicólogos, os terapeutas, os sociólogos, registrando esses problemas no comportamento humano, estudam as fobias, procurando entender-lhe os meandros para tentar ajudar a humanidade.

Entretanto, não é fácil, porque cada um guarda nas profundezas de sua personalidade nuanças e traumas, fatos vivenciados, desejos reprimidos, fantasias e deturpações, associações e conceitos tão diversificados que qualquer regra se perde nesse emaranhado transformado em círculo vicioso.

Não que isso seja impossível. Claro que um dia eles vão conseguir ajudar, e alguns até, instruídos pelos amigos espirituais interessados em seus pupilos, vão acertar, mas o campo é vasto e requer principalmente que o próprio interessado deseje sinceramente e se empenhe em varrer o medo e cooperar.

Pensando em observar melhor, inclusive para poder resolver problemas que me preocupam, visitei, em uma tarde de domingo, um Centro de Socorro, onde se reúnem os mensageiros antes de sair no desempenho de suas tarefas.

Meu amigo Jaime desempenha nesse agrupamento tarefas de assistente e, por isso, obtive permissão para essa pesquisa. Fiquei ao lado dele enquanto recebia os grupos e os trabalhadores que estavam em atividades, trazendo suas dificuldades para que ele os ajudasse, ou seus projetos para serem estudados.

Jaime ouvia-os com atenção e seriedade. A maioria era experimentada e eficiente nas técnicas da assistência e todos demonstravam vontade de ajudar. O que me emocionou muito foi perceber-lhes o amor pelos que estão ainda na Terra em vias de desligamento dos vínculos carnais.

Cada um atravessa essa hora única e intransferível acreditando-se sozinho e perdido nas próprias emoções, mas é puro engano. Amigos generosos e dedicados velam por nós e nos assistem carinhosamente. E, se sofremos mais os desacertos do depois, é porque não confiamos e não nos entregamos com fé a Deus.

A figura que estava diante de Jaime era um pouco diferente das demais. Baixo, troncudo, braços musculosos, moreno, tímido, tinha entrado devagar, como que um pouco assustado. Notei que Jaime o fixava com bondade.

— Finalmente cheguei aqui. Posso falar-lhe?

– O que deseja? – inquiriu o assistente, fixando-o com firmeza.

Ele sustentou o olhar enquanto dizia:

– Sei que o senhor autoriza ir à Terra em missão de ajuda. Eu preciso ir.

Percebi pelo seu modo de falar que ele não era habituado às tarefas de socorro. Jaime objetou:

– Por quê?

– É a Marilda. Soube que atravessa período doloroso na Terra. Deve desencarnar dentro em breve. Preciso ajudá-la. O senhor compreende, ela é minha única filha! – Lágrimas caíam-lhe pelas faces. – Como saber que a moléstia devora-lhe as carnes sem que eu possa fazer nada?

– Já experimentou orar?

Ele olhou-nos um pouco admirado.

– O senhor acha que adianta?

Percebendo-lhe a atitude mental, compreendi que ele não pertencia ao Centro de Atividades em que estávamos. Jaime levantou-se. Aproximou-se dele e tornou:

– Gostaria que se acalmasse. Deus é Pai amoroso, e sua filha está sendo assistida pelos mensageiros do bem.

– Tenho recebido seus pensamentos angustiados. Chora, sofre, tem crises de dor e chama-me. Eu quero ir ajudá-la.

– Acha que teria condições? Emotivo e preocupado, descontrolado e aflito, não iria sobrecarregar ainda mais as angústias dela, juntando as suas?

Ele chorava descontrolado. Jaime abraçou-o. Em seus olhos havia um brilho de emoção.

– Por que não procura esperar com alegria pela sua chegada? Por que não se preocupa em preparar-lhe uma acolhida agradável, dentro do que já pode obter?

Ele olhou-o admirado.

– Não tinha pensado nisso. Poderei trazê-la para o meu lado?

– Vamos ver o que se pode fazer. Você não é da nossa colônia. Como veio aqui?

Ele ficou um pouco embaraçado.

– É verdade. Fui recolhido em um Posto de Refazimento, depois de ter ficado durante muitos anos no navio onde passei os últimos anos de minha vida. Fazia a faxina e nunca passei disso. Nosso navio foi afundado em 1942 por causa da guerra. Quando recebemos ordem para deixar o navio, eu fui ao alojamento pegar alguns pertences. Fiquei fechado lá. Meus companheiros não perceberam que a porta se tinha travado, não sei bem, mas eu não pude abrir. Apavorei-me. Gritei com todas as forças. Foi em vão. O medo tomou conta de mim, fechado ali, esmurrando a porta, até que as águas invadiram tudo e eu, sufocado, sem ar, desesperado, senti-me morrer. Tenho pavor da morte! Por isso, quando soube que Marilda está à morte, fiquei desesperado. Não quero que ela sofra. Pobre filha! É horrível!

Jaime objetou, sereno:

– Calma. Ela não vai sofrer o que você passou. É outra pessoa e a situação dela é diferente da sua.

– A morte é pavorosa. Eu custei muito a sair daquele estado, no navio. Até hoje, tantos anos depois, ainda sinto aquela sufocação, aquele desespero, aquela falta de ar.

– Não melhorou com o tratamento?

– Melhorei. Porém esquecer é difícil. Não suporto portas fechadas, Agora mesmo, essa porta aqui está me dando angústia.

– Ela não está impossibilitada de abrir – tornou Jaime, calmo.

– Eu sei. Mas, não posso vencer o medo. Que fazer?

– Fale-me mais sobre o assunto – fez Jaime, com bondade. – Como foi socorrido?

– Nem sei. Acordei em um hospital, onde minha mãe tratava-me com carinho. Assustado, soube que, apesar de tudo, continuava vivo. Ela intercedeu muito por mim e conseguiu que eu ficasse lá, em Campos Novos, trabalhando e recebendo tratamento. Fiquei até alguns dias atrás, quando soube que Marilda estava à morte. Pedi, implorei para ir ajudá-la, mas não fui atendido. Eu tinha ouvido falar deste Centro de Socorro e, por isso, trabalhei duro e consegui ser destacado para uma visita aqui. Era a oportunidade que eu esperava. Chegamos ontem e agora eis-me aqui. Achei que saberiam entender minha dor. Por favor, quero ver Marilda.

– Muito bem. Venha comigo.

Admirado, acompanhei-os à sala contígua. Jaime acionou um daqueles mágicos botões e na tela da parede apareceu um quarto de hospital na Terra e uma mulher de meia-idade, deitada, adormecida.

– Marilda! – tornou ele, emocionado.

Ao lado do leito alvo, duas enfermeiras do nosso plano estavam velando atenciosas.

– Ela está dormindo. Deram-lhe um sedativo. Veja como está amparada. Deus é Pai amoroso. Não tema.

– Não posso ir vê-la?

– Sua angústia não lhe faria bem. Por que não tenta trabalhar para estar bem quando ela chegar? Por que não lhe prepara um local onde ela possa refazer-se?

– Acha que conseguirei?

– Vou ver o que posso fazer. Vai depender de você. Procure acalmar-se e confiar em Deus, que vela por todos nós. Volte para Campos Novos, trabalhe, lute para equilibrar-se e, quando for oportuno, mandarei um mensageiro a sua procura.

Ele tomou as mãos de Jaime tentando beijá-las. Jaime abraçou-o.

– Por que me agradece se é você quem vai conseguir isso?

– Vim desesperado e agora já estou bem. Deus lhe pague.

– Vá em paz.

Ele saiu e eu fiquei pensativo. Depois perguntei:

– Quando ele reencarnar, continuará com medo de portas fechadas?

– Provavelmente. Não só de portas fechadas, como de água, ou talvez quem sabe, do jogar do navio. Isso vai depender das associações que fará em seu íntimo ligando esse passado ao presente. Mas, com certeza, será portador de fobia que dificilmente alguém na Terra poderá entender sem o conhecimento dessa encarnação onde o problema originou-se.

– Acha então que isso pode ser até uma fatalidade?

– Como assim?

– Qualquer pessoa que tivesse tido esse tipo de morte, passado o que ele passou, teria ficado com esse trauma?

– É difícil dizer. Não se pode generalizar nunca. Mas um espírito que tivesse fé na justiça de Deus e na continuidade da vida, talvez tivesse conseguido não gravar o problema com tanta profundidade. Porque se a vida em sua justiça deu-lhe esse gênero de morte uma vez, e ela teria durado talvez alguns minutos, o medo, o terror, a falta de fé do nosso amigo multiplicaram esses momentos, alimentando-os, e agora, sabe Deus quando ele conseguirá libertar-se deles.

Compreendi. Agradeci e sai. Fiquei pensando. Como seria bom aceitar, compreender, superar, absorver as dores que não se podem evitar. Ter a fé, a certeza como antídoto do medo.

Será que um dia vamos conseguir? Acho que sim. Em todo caso, não acham que sempre vale a pena tentar?

Ensimesmado e taciturno, olhos no chão, fisionomia triste, ele andava imerso nos próprios pensamentos, fechado em suas preocupações.

Chamou-me a atenção, porém, seu aspecto inteligente, seu rosto expressivo, e por que não dizer, sua própria introspecção, contrastando com os demais que, despreocupados, descontraídos, circulavam pelo salão.

Estávamos em uma festa, e nada mais agradável do que uma reunião como essa onde já dispomos de mais sinceridade e onde as convenções e a velha hipocrisia social já não nos incomodam.

Vocês estão admirados? Festa no plano espiritual? E a curiosidade logo aguçada criará na fantasia de cada um uma festa muito à moda da Terra, com bebidas e canapés, enquanto outros, mais cerimoniosos e sisudos, imaginarão sermões, preces e lágrimas arrependidas pelos pecados cometidos, com votos de renovação e progresso.

Tenho certeza de que não faltarão os que, associando a alegria ao prazer maléfico, criarão uma festinha infernal com todas as tentações e queda dos pobres pecadores.

Mas nada disso é verdade. Nossas festas, sejam de recreação ou de comemorações – retorno de amigos da Terra, partidas para a reencarnação, aniversários de vitórias coletivas do grupo onde estagiamos, homenagens a visitantes ilustres de outros planos, a companheiros que partem para outros grupos – têm como motivo o divertimento puro e simples.

Aqui, voltamos ao antigo costume da conversa inteligente, das reuniões de salão, onde se pode fazer música, mostrar o talento, ou simplesmente dançar, conversar.

Acredita-se, por aqui, que o entretenimento sadio, a convivência, a extravasão dos nossos dotes de espírito possibilitam a melhoria da nossa personalidade, e eu confesso que adoro essas tertúlias, onde compareçam pessoas interessantes, as mais distintas, com as quais podemos nos relacionar, trocar idéias, etc.

Por isso, quando disponho de uma hora ou duas, freqüento esses salões de entretenimento. Se não fosse o receio de escandalizar os mais circunspectos, eu diria que é como um clube. Um clube de pessoas em determinado nível espiritual, conservando, porém, características ainda bem terrenas.

É uma delícia circular pelos lindos salões, escrupulosamente limpos e lindamente decorados (tudo é mantido pelos associados), ver rostos amigos, inteligentes, alguns até famosos na Terra, a trocar idéias, a mostrar sua arte, a alimentar sua alegria.

Muitos acreditam que nossa vida aqui seja um constante entrechoque com os problemas de consciência ou com nossos resgates, e que estejamos sempre sofridos e sóbrios, como convém a espíritos como nós, que precisam penitenciar-se pelos enganos cometidos.

Na verdade, todos estamos mais conscientes dos nossos enganos e desejosos de lutar, melhorar, progredir. Mas, ao mesmo tempo, compreendemos melhor os valores espirituais que nos compete desenvolver e as vantagens do enriquecimento do nosso espírito em reuniões fraternas, onde a alegria sincera, a exteriorização dos nossos talentos como pessoa, a reciprocidade da amizade, o enriquecimento da troca de experiências nos ajudam e nos fortalecem.

Terei conseguido fazer-me entender? Uma festa de fantasmas, um clube um pouco à moda antiga, talvez possa preocupar os mais místicos. Porém, como o misticismo aqui representa um perigo do qual sempre procuramos fugir, posso sem remorsos dizer que nos reunimos para desfrutar de entretenimentos que nos serenam o espírito e alimentam a alma.

Por isso, as pessoas trazem na face a alegria, a calma, a emoção agradável e, às vezes, aquela saudade indefinida, a esperança em dias melhores e a confiança no futuro.

Como entender a presença daquele homem triste, em meio a tantos rostos distendidos e alegres? Observei-o. Teria entrado ali sem autorização? Por certo que não. O sistema de controle automático e sem possibilidade de enganos afastava essa idéia. Se ele estava ali é porque tinha preenchido todos os itens necessários.

Aprendi que a velha história do "jeitinho" não funciona. A gente logo percebe que a melhor maneira de viver por aqui é através da sinceridade. Os velhos jogos psicológicos, tão em moda na Terra, são tão conhecidos aqui que não nos resta senão deixá-los de lado, se quisermos conseguir alguma coisa em nosso favor.

Ele estava ali. Não conversava, não participava de nenhum grupo ou atividade. Mantinha-se engolfado em seus pensamentos íntimos, e embora andasse de um lado a outro, parecia-me que estava longe do nosso ambiente.

Movido pela curiosidade, aproximei-me. Afinal, eu queria ser fraterno.

— Você é novo aqui? – inquiri, procurando ser cortês. Ele olhou-me, e seus olhos profundos e escuros impressionaram-me um pouco.

— Não – respondeu com simplicidade.

— Pensei. Tenho vindo aqui regularmente e não me recordo de tê-lo encontrado. Permita que me apresente: sou José. Regressei há mais de quinze anos, mas venho aqui há uns cinco ou seis.

Ele fixou-me o rosto com seriedade.

— Eu sou Otávio. E faz tempo que não venho por aqui.

Nosso homem não era loquaz. Contudo, insisti:

— É muito agradável este lugar. Freqüentado por pessoas interessadas em conviver bem e em trocar energias positivas.

Ele suspirou.

– É verdade. É muito bom quando se pode usufruir desse convívio... lava a alma.

– Também acho. Tenho saído daqui renovado e alegre. Disposto a enfrentar o dia-a-dia com mais coragem.

– Infelizmente não posso dizer o mesmo. Há muito não consigo reaver a antiga alegria.

– Não quer sentar-se? – convidei com gentileza.

Tínhamos caminhado até um terraço florido de onde se avistava os lindos jardins iluminados por graciosos lampiões, e o céu recoberto de estrelas.

Ele sentou-se em um banco e eu fiz o mesmo. Vendo-o em silêncio, arrisquei:

– Você não sabe, mas eu escrevo para a Terra. Reúno experiências de pessoas daqui e faço reportagens para lá.

Ele olhou-me admirado. Senti que pela primeira vez saía da sua própria preocupação para olhar-me. Tinha olhos magnéticos e fortes. Um pouco enleado, esclareci:

– Você sabe, através de médiuns.

– Ah! – disse ele – Acha que vale a pena?

– Acho. Já que tenho permissão dos nossos maiores, quero contar um pouco da nossa vida aqui, da nossa experiência, para acordá-los. Não acredita que pode confortá-los conhecer a verdade?

– Aos que puderem ver, sim. Mas será que você não está apenas querendo impor a eles sua personalidade, suas idéias, em suma, continuar a ter sua platéia, seus aplausos, seu público?

Fiquei mudo. Não esperava essa resposta. Como sabia minha vida? Sobressaltei-me. Teria ele razão? Estaria apenas deixando-me levar pela vaidade, pela necessidade de auto-afirmação, pela vontade de continuar vivo na Terra, na memória dos meus amigos e familiares?

Não encontrei palavras para responder. Ele continuou:

– Eis o que me preocupa. Durante anos e anos estudei o comportamento humano. Pesquisei, trabalhei com as pessoas, entreguei-me de corpo e alma ao afã de compreender o lado oculto de cada um. A verdade que se esconde atrás de cada atitude, e que nem o próprio indivíduo consegue perceber.

– Foi psiquiatra? – arrisquei, satisfeito por afastar de mim sua atenção inquisidora.

– Não. Fui professor. Mas durante toda a vida, tenho sido um estudioso do comportamento humano. Descobri que o homem é interesseiro e agressivo e nada faz sem que tenha vantagens.

– É um conceito muito forte – aduzi, um tanto preocupado.

– Mas verdadeiro. Em minha vida terrena dediquei mais de quarenta anos ao magistério, escrevi livros sobre educação, convivi com pessoas, muitas das quais aconselhavam-se comigo, e acreditava sinceramente estar realizando um trabalho útil e desinteressado. Entretanto, nada disso era verdade. O que fiz era para dar prazer a mim mesmo. Era para ser apreciado pelos outros. Era para fazer escola, era para ter seguidores. Era para impressionar.

Atônito, eu não sabia o que responder. Ele prosseguiu:

– Ganhei honras, medalhas, respeito, glória. Ficava feliz atrás da minha escrivaninha, contemplando os diplomas na parede, e o peito cheio de orgulho com as medalhas e os louros alcançados. Falava como um oráculo e era dono da situação. Pode haver situação mais ridícula?

– O amigo me perdoe, mas não vejo ridículo em levar uma vida útil, honesta e laboriosa. Temos o direito de estar orgulhosos quando alcançamos essa vitória.

– Isso pensava eu. Mas tudo quanto fiz mudou de alguma forma minha maneira de ver o mundo? Tornou-me consciente da realidade do dia-a-dia? Fez-me aprender o que eu necessitava como espírito eterno para ser útil à obra do Pai? Não, meu amigo – tornou ele com amargura. – Eu não fiz nada disso. Encastelei-me em meus conceitos, que não questiono, válidos ou não, e joguei idéias sobre os outros, testei meus pontos de vista, fiz de cobaia os sentimentos alheios, mas permaneci observador apenas, não vivi os meus próprios problemas, não tirei das experiências da vida as lições que necessitava. Perdi setenta anos de reencarnação e regressei no mesmo ponto, sem resolver velhos débitos, e sem progredir nem um pouco.

Eu estava arrasado. Teria ele razão? Estaria eu no mesmo caminho?

— Mas, sem dúvida, esclareceu pessoas, educou, dedicou-se ao próximo. Alguns melhoraram usufruindo de suas idéias. Isso não é um bem?

— Isso dizem nossos maiores. Eu, porém, sou rigoroso. Não posso aceitar minhas falhas. Como progredir se carrego ainda o peso da minha vaidade? Como aconselhar se ainda não comando minha própria vida?

Eu estava boquiaberto.

— Quando na Terra, você era sempre tão exigente?

— Era. A educação só se faz com disciplina. Aprendi isso com minha mãe. Desde a mais tenra idade, ela era muito rigorosa. Exigia perfeição e não admitia enganos. Eu a amava muito, mas temia sua autoridade. Até hoje, quando percebo que errei, vejo-a à minha frente, com seu vestido austero e olhos firmes, dura e forte. Jamais consegui desobedecer-lhe. Era mulher extraordinária. Inteligência invejável, cultura enciclopédica. Se tivesse encontrado mulher como ela, por certo me casaria. Mas como isso não aconteceu, fiquei só.

Eu estava mais calmo. Começava a compreendê-lo melhor.

— Pois eu não tenho pretensões. Sei que sou vaidoso, que ainda carrego meu orgulho e que conservo as fraquezas humanas bem acentuadas. Porém, isso não me incomoda, sabe por quê?

— Não — tornou ele, com certo ar de comiseração.

– Porque Deus não tem pressa. Deu-nos tempo para aprender. Desejar a perfeição é um objetivo nobre, mas querer alcançá-la agora, na fase em que estamos, é utopia. Por que não esquece essa preocupação ao menos por um pouco e observa como tudo aqui é agradável, como há pessoas interessantes no salão?

– É que estou preocupado. Pedi para reencarnar sem demora, mas nossos maiores desejam que eu ainda fique mais um pouco por aqui. Uns dez ou quinze anos, talvez.

– É melhor assim – respondi, à guisa de consolo. – Terá tempo de preparar melhor a próxima vida.

– É – fez ele, pensativo. – Mas ainda não consegui ver minha mãe. Disseram-me que talvez não a encontre antes da próxima encarnação. E, mais, que renascerei órfão. Isso me preocupa. Como poderei vencer sem ela?

Olhei-o penalizado. O apego às vezes dificulta nossa vida. Ele concluiu:

– Quer que me alegre carregando o peso de tantos problemas? Como poderia? Acho que não devia ter vindo aqui. Acredito tê-lo entristecido.

Levantou-se para despedir-se. Abracei-o com carinho. Sentia-me alegre e tranqüilo.

– Não diga isso. Gostaria de vê-lo de novo. Venha e conversaremos. Tenho algumas histórias que por certo irão interessá-lo. Também interesso-me pelos problemas de comportamento humano. Poderemos pesquisar juntos, discutir os porquês. Talvez possa ajudar-me a compreender um pouco mais.

Pela primeira vez o rosto dele desanuviou-se e seus lábios entreabriram-se em ligeiro sorriso.

– Está bem. Gostei de conversar consigo. Preciso mesmo de um amigo. Virei na próxima semana.

Curvou-se, e recolocando novamente o ar de tristeza, afastou-se.

Eu olhei a noite estrelada, senti o cheiro gostoso das flores, observei o burburinho alegre dos salões e pensei:

– Que bom que eu ainda sou humano como os outros. Que bom que eu ainda não sou perfeito. Que bom que eu ainda posso errar para aprender. Quem bom que eu posso estar aqui neste ambiente tão amigo e acolhedor.

Acham que estou sendo muito liberal comigo mesmo? Mas estando aqui, vendo o que eu vi, percebendo o que percebi, será que não pensariam como eu?

Há muitas coisas estranhas que aceitamos como naturais simplesmente porque nos acostumamos, e nem sequer nos detemos para refletir sobre elas.

Quando na Terra, convivemos com naturalidade com os mais originais fenômenos, com as mais exóticas pessoas, sem estranheza nem admiração. É que na lavagem cerebral a que somos submetidos a cada nova reencarnação, guardadas lembranças ou memórias no arquivo mental das vidas passadas, desde os primeiros tempos de vida na Terra, aprendemosa achar natural tudo quanto nos rodeia. Isso não impede que a nossa fantasia crie o mundo do além, de acordo com os nossos desejos, representando um prêmio ou um castigo de nossa performance na carne.

É interessante para nós, fantasmas realistas e amantes da verdade, podemos penetrar nesses devaneios guardando a certeza de que um dia cada um conhecerá a sua verdade, largando a fantasia e aprendendo as lições sábias da vida.

Até aí, parece fácil, porquanto filosofia, interpretação, hipóteses são elementos que se pode usar à vontade. Porém, a verdade, o dia-a-dia é tão diferente do que imaginamos que às vezes é difícil contar.

Não que a realidade exceda a nossa fantasia, pelo contrário, tudo continua tão natural, tão parecido, tão autêntico que vocês não vão querer acreditar.

Falo por mim, que até agora, depois de tantos anos por aqui, ainda me surpreendo com o que me é dado presenciar. Estou sendo claro?

O que eu quero dizer é que muitos dos problemas que enfrentamos no dia-a-dia terreno continuam aqui. E notem que não me refiro aos problemas emocionais ou espirituais, que obviamente são nosso patrimônio intransferível, mas aos problemas físicos, os mais corriqueiros.

Quando cheguei aqui, conhecendo e estudando a força da mente, a criatividade plasmando formas e realizando maravilhas, imaginei que os fantasmas domiciliados neste lugar maravilhoso manejassem a força mental com facilidade, libertando-se das pequeninas coisas desagradáveis dos problemas terrenos.

Vivi assim durante anos, tentando fortalecer minha força mental, desejoso de realizar grandes façanhas. Como sabem, quando consegui trabalhar, exultei. A alegria aumentou quando consegui escrever para vocês.

E, nessa euforia, procurando notícias interessantes para reportar, movimentei-me buscando assuntos de interesse geral.

Não posso negar que o ambiente artístico seja o meu forte. Sempre que posso procuro os teatros e jamais deixo de ir ao encontro dos atores depois do espetáculo. O teatro por aqui é elemento interessante de cultura. Enquanto na Terra o autor atém-se ao tempo diminuto de uma vida, aqui, esse limite não existe. Os enredos vão de uma encarnação a outra, educando, mostrando, elevando. O conceito de beleza mais desenvolvido, sentimentos apurados, compõem páginas imorredouras.

A música, as danças, tudo nos alegra e enriquece. E, se alguma tragédia é mencionada, logo depois os benefícios e as causas nos demonstram a sublime grandeza das leis de Deus. A alegria de reunir-me a eles, de conversarmos, de revivermos coisas que nos são caras é intraduzível.

Foi numa dessas noites, após um espetáculo musical de excelente qualidade, que procurei os camarins, como de hábito. Estava entusiasmado e não escondia minha euforia.

Os recursos por aqui são outros. As luzes, o cenário, as cores, tudo. Ah! Se eu um dia pudesse levar um espetáculo desses na Terra, tal como o assistimos aqui, que maravilha! Que sucesso faria!

Como isso não é possível, acompanho meu amigo Jaime até o camarim do astro que eu queria conhecer.

Um homem alto, porte elegante, rosto moreno aparentando uns quarenta anos. Representava, cantava, dançava magistralmente, arrancando incontidos aplausos da seleta platéia.

Não o conhecera no mundo. Seu nome era-me desconhecido, apesar de ter sido famoso em Portugal, sua terra de origem, no final do século passado. Tendo regressado por volta de 1912, continuara dedicando-se ao teatro com acendrado entusiasmo.

Fomos recebidos com alegria. Abraços e apresentações. Fioravante era seu nome, ao qual ele ajuntou com graça:

– Apesar de ser português, minha mãe era cantora lírica. Pespegou-me nome italiano, que afinal deu-me sorte. No meu tempo, na Europa, artista para ser bom tinha de ser italiano.

Rimos. Fioravante tinha dentes alvos e bonitos.

– Sentem-se um pouco enquanto desembaraço-me desses aparatos. Com que então o amigo também militou no teatro?

– É – respondi, satisfeito, enquanto ele tirava a túnica, vestindo roupa mais moderna. – Pelo teatro deixei quase tudo – ajuntei com certo orgulho, na certeza de que seria compreendido.

– É uma causa justa – continuou ele, sério, enquanto passava líquido no rosto.

Foi então que ele, levando a mão à cabeça, tirou a bela peruca que usava, deixando à mostra uma careca prosaica e tão terrena que não pude deixar de me surpreender.

A custo contive minha admiração. Gosto é gosto, e se o amigo gostava daquela careca luzidia, eu não tinha nada com isso.

Ele, porém, olhou-me um pouco triste e comentou:

— Infelizmente não consigo reaver meus cabelos. Consegui tal perfeição nas perucas que parecem verdadeiras, mas ainda não consegui fazer crescer meus próprios cabelos.

Eu estava estupefato. Em nosso mundo, onde a mente cria, onde pensamos e realizamos, por que Fioravante não conseguia fazer crescer seus cabelos?

Chocado, vi quando ele, depois de ter-se arrumado, recolocou cuidadosamente a peruca, agora com penteado mais natural. Apesar do meu espanto, fui forçado a reconhecer que ela lhe tirava uns vinte anos de cima. Dava-lhe uma fisionomia jovial.

Conversamos sobre teatro, trocamos idéias, experiências, e a cada momento mais admirava sua dedicação à arte, seu esforço, sua inteligência.

Saímos procurando um lugar onde pudéssemos conversar mais à vontade. Foi em um jardim agradável que a brisa da noite perfumava que nos sentamos. O céu rutilava de estrelas e sentíamo-nos saudosos.

Discutimos autores, peças famosas, e eu naturalmente ouvindo-o respeitoso contar as peças e os espetáculos realizados já aqui em nosso plano.

Fiquei sabendo que o teatro é utilizado como escola viva de preparação para aqueles que partem para nova encarnação, bem como na recuperação de espíritos cristalizados no remorso, na indiferença, na dor, no ódio, na ilusão.

Ele descrevia com entusiasmo:

— Despertar a sensibilidade para o belo, para o amor, para a luz, é tarefa que a vida luta para alcançar através dos seus choques de ação e reação. Nós, do bom teatro, somos colaboradores da vida, sensibilizando os espíritos, mostrando idéias, sentimentos, luz, beleza, esperança, verdade, lutas e paz. Por isso, acredito que o teatro jamais vai morrer. Sejam quais forem os meios de comunicação na Terra, o cinema, a televisão. A arte fala, sensibiliza, revela, sublima, mostra, eleva. Se um dia eu puder, quero voltar à Terra para continuar mostrando a verdade, Deus, a natureza a todos os homens!

Seus olhos brilhavam sinceros, e uma lágrima emocionada umedecia-lhe as faces.

Esse é o teatro que eu amo. Esse é o teatro que eu gostaria de ter feito e, quem sabe um dia, ainda possa fazer.

Fez-me bem conversar com ele, e foi com tristeza que nos despedimos.

– Por certo voltarei a vê-lo.

Abraçamo-nos, comovidos. Quando ele se foi, Jaime perguntou, malicioso:

– E então?

– Maravilhoso – respondi, entusiasmado. – Senti-me orgulhoso de ter sido artista.

– Se todo artista percebesse quanto é grande sua missão, a arte na Terra há muito teria alcançado seus objetivos.

– É mesmo. Só uma coisa me intriga. Por que, sendo tão evoluído, ele ainda não conseguiu mudar sua aparência física?

Jaime sorriu ao responder:

– Parece que você acordou para a nossa realidade.

– Como assim?

– Você ainda guarda muitas fantasias da Terra, e isso sempre dificulta enxergar.

Um pouco picado, perguntei:

– Por quê?

– Está aqui há tantos anos e não percebeu ainda que a vida por aqui segue em vários aspectos, igual à Terra.

– Claro que isso eu sei. Aonde quer chegar?

– Se eu amanhã chegasse a você e dissesse: Está satisfeito com sua aparência física? O que me diria?

– Eu estou.

– Mas se eu lhe desse chance de mudar, escolher, como gostaria se ser?

Examinei-me. Pensei, depois respondi:

– Mais jovem, claro, mais inteligente e até mais bonito. Todos gostamos de ser bonitos.

Defendi-me, procurando perceber onde ele queria chegar.

– E as mulheres, como gostariam de ser?

– Claro que lindas. Se eu saísse por aí perguntando, já pensou que loucura? Só ia existir mulher jovem e bonita, mesmo que o conceito de beleza seja variável.

– Mas o mundo não é assim. Cada um é o que é. Cada um é o que escolhe ser. Não com palavras, mas com seus atos.

– É verdade. Isso venho aprendendo a duras penas.

– Se cada um, usando sua força mental, pudesse transformar-se a seu bel-prazer, como um camaleão, já pensou a confusão que ia ser o nosso mundo?

– É – concordei, admirado. – Mas então, como conciliar as coisas? O que está errado?

– Tudo está certo. É só não esquecer que a natureza segue seu curso natural, sem saltos nem preferências. É ordenada e perfeita. Dentro das leis divinas, cada criatura está situada dento dos seus limites, que se vão modificando à medida que ela vai vencendo as etapas necessárias. A força mental é extraordinária, e bem utilizada, como disse o Cristo, remove montanhas, mas sempre será subordinada ao bem geral, à ordem estabelecida, à lei maior. Se assim não fosse, estaríamos à mercê de criaturas inescrupulosas, que tendo desenvolvido essa força, não a utilizam para o bem.

– Quer dizer, então, que não podemos ultrapassar certos limites? Claro que eu sabia disso com relação ao progresso espiritual. Mas o que dizer das coisas materiais? Por que Fioravante ainda não consegue sequer fazer crescer seus cabelos?

– Não se esqueça de que a forma física, seja na densidade da Terra ou aqui mesmo, representa o instrumento de manifestação do espírito. Quer queiramos ou não, a aparência ainda disciplina muito nosso comportamento com relação às pessoas, ainda aqui em nosso plano. Só o espírito muito superior consegue abstrair-se da forma física. A beleza é conquista eterna do espírito. Ninguém consegue imaginar um ser superior, angelical, de forma feia, incompleta, chocante. Por essa razão, a aparência física é muito importante para a aquisição de determinados valores, e é determinante do comportamento dos outros a nosso respeito. Todos comovem-se quando uma criança sofre, raros apiedam-se quando um velho padece. Ninguém está vendo aí dois espíritos carentes que podem ter igual necessidade de amor e assistência. A forma, a aparência, determinam as atitudes. Por isso, o corpo é veículo perfeito de nossas necessidades. Retrata nossas carências, nossa escolha, e o que somos para quem tem olhos de ver. É por isso que muitos continuam vivendo aqui, com a mesma aparência que tinham na Terra.

— Não será por terem-se habituado a ser como são e não perceberem que já podem mudar?

— Isso ocorre. Mas enquanto alguns, por expansão natural, ao voltar para cá remoçam sua aparência, outros, ao contrário, não conseguem sair do que eram na última encarnação.

— É. Eu nunca pensei em mudar, embora me reconheça mais moço.

— Eis aí uma nova experiência a tentar. Depende de como anda sua fantasia.

— No momento, bem calma. Reconheço que não tinha pensado nisso.

— Na verdade, a vida é sábia e nos permite aprender a cada dia.

— Será que ele ainda vai conseguir derrotar a calvície? Pareceu-me tão humilhado por usar a peruca!

— Claro que o tempo vai conceder-lhe o que pretende, mas isso só se dará quando não precisar mais desse obstáculo.

— O que será que a vida pretende ensinar com isso?

— Não poderia dizer. Talvez a aceitar seus próprios limites, talvez a não se deixar empolgar pelas coisas exteriores, talvez a perceber que as aparências iludem. Não sei. Esse segredo só a vida conhece, e isso, ela não revela a ninguém. Compete a ele descobrir.

Fiquei pensando, pensando. Afinal, a calvície é o terror dos homens na Terra, mas pode ser um mal necessário e até educativo.

Será por isso que ninguém ainda descobriu remédio para ela? E, o que é pior, nem aqui, pelo que eu sei, porque muitos dos que eram calvos ainda não conseguiram fazer seus cabelos crescerem.

Chegará o dia de isso acontecer?

Era uma linda manhã de domingo e eu caminhava contente, respirando a largos haustos e sentindo a alegria de viver. Vocês já se sentiram assim? Parece que todo nosso ser se espreguiça e se abre para a beleza do céu azul, o aroma agradável das flores, a delicadeza da brisa que passa e nos acaricia.

Estou sendo lírico? Talvez. Mas caminhando pelas ruas em uma manhã tão linda como esta e em meio a um ambiente tão acolhedor, não poderia ser diferente. Eu explico. Este bairro da nossa cidade é dos mais belos que já tive a oportunidade de ver.

As casas, todas térreas, leves e de uma beleza lírica, com seus telhados em ponta, suas chaminés, algumas revelando reminiscências terrenas, são rodeadas de verdes jardins, flores perfumadas, sebes graciosas.

Difícil descrever, mas, se eu pudesse, mandaria uma fotografia para que vocês vissem que beleza! Em meu passeio dou largas à imaginação pensando, por exemplo, na dificuldade que um espírito teria se saísse de uma dessas habitações, tomasse um corpo de carne e fosse morar numa casa terrena, tendo de respirar a atmosfera poluída do mundo.

Poluição em todos os campos, incluindo o mental. Será que foi por isso que os homens inventaram a história dos anjos decaídos? Pode ser.

Vocês podem pensar que nenhum dos habitantes desse lindo lugar concordará em renascer no mundo hoje, mas eu posso afirmar que eles não só têm renascido na carne como têm procurado melhorar o meio ambiente terreno.

É bem verdade que os interesses escusos têm procurado inutilizar-lhes a ação, contudo, certos de estarem com a razão, cientes de que sabem o que estão fazendo, continuam a alertar contra a matança indiscriminada dos seres e a destruição das florestas e dos rios.

Neste lugar maravilhoso, que estou visitando deliciado, residem os arquitetos do nosso plano, profundos conhecedores da natureza em larga faixa de percepção, que começa nas profundezas do orbe terreno e chega ao nosso plano de vida. Eles sabem como o universo funciona nessas diferentes dimensões, suas leis e seu pulsar. Estabelecem planos para harmonizar os homens (quando digo homens, refiro-me a todos os espíritos ligados à Terra, encarnados ou não) à vida, e assim integrá-los na obra da criação.

Não acham maravilhoso? Pensam que para isso haja necessidade de ser "santo"? Puro engano. Cada um pode integrar-se no pulsar da vida, seja onde for que esteja vivendo.

Por acaso os animais irracionais não fazem isso? Vocês vão dizer que estou colocando os irracionais acima dos homens. Não é bem assim. Eles são conduzidos como o recém-nascido o é pelos pais. Mas os homens têm desenvolvimento para decidir, escolher.

E acontece que, como ainda ignoram, escolhem mal. Coisas da aprendizagem.

Mas, neste lugar vivem os arquitetos do nosso plano. Vocês sabiam que eles não cuidam só da construção das casas e dos jardins, mas das melhorias de condições de vida, valorizando o conforto, a beleza, a utilidade, a necessidade? Vocês sabiam que eles não colocam nada em seus projetos que não tenha utilidade prática?

É isso que os arquitetos da Terra querem aprender. Unir a beleza ao conforto e à utilidade prática.

Respirei fundo o ar balsamizado e agradável, sentindo-me muito bem. Frente a uma graciosa casa, toda pintada de branco e com janelas antigas de vidros coloridos sobre jardineiras floridas e alegres, parei.

Acabava de ver um homem que se entretinha em examinar detidamente um cacho florido de graciosa trepadeira.

– Olá! – saudei, procurando chamar sua atenção.

Ele, calmo, respondeu:

– Olá.

Eu continuei:

– Gostaria de falar-lhe por alguns momentos. Pode atender-me?

Ele desviou a atenção das flores e fixou-me firme. Era moço, vinte e poucos anos na aparência terrena, alto, magro, cabelos castanhos naturalmente ondulados. Olhos claros e expressivos. Gostei dele. Sustentei o olhar.

– Pode entrar.

– Com licença – respondi, enquanto me aproximava.

Apesar de não ter portão algum impedindo a entrada, não teria entrado sem autorização, mesmo que eu quisesse. Sabem por quê? Há uma força, uma espécie de magnetismo do próprio morador que veda a entrada a pessoas que ele não deseja receber. Estão admirados? Mas é verdade.

Estamos em uma cidade onde há ainda larga faixa de evolução. Embora os grupos afins se unam naturalmente, devido à diversidade de graus de compreensão, não se pode evitar a curiosidade dos mais afoitos, a leviandade dos ignorantes, etc.

É verdade que os que estão distanciados dessa faixa não apreciam essa beleza, nem se sentirão bem circulando por aqui durante muito tempo. Mas, sempre pode aparecer alguém indesejável. Além do quê, eles aqui dedicam-se a pesquisas muito sérias, e muitas vezes, em meio ao seu trabalho, não podem ser perturbados ou interrompidos.

Aproximei-me radiante. A oportunidade era única.

– Estou admirando este paraíso, satisfeito, e gostaria de conhecê-lo melhor. Sou repórter. Dedico-me a escrever para os homens na Terra.

– Em boa hora decidiu isso – respondeu-me, sério.

– Também acho. Há muita curiosidade por lá com relação ao nosso mundo. Eles não têm muito acesso às informações.

– Sei disso. Mas acho que o momento é de trabalharmos todos para tentar ajudá-los nessa hora difícil.

– Hora difícil? Por que diz isso?

– Temos acompanhado apreensivos as interferências indevidas que eles estão fazendo nos ciclos vitais, comprometendo a vida futura da humanidade terrena.

Olhei-o, assustado. Ele prosseguiu:

– Eles estão brincando com os conhecimentos que já possuem e experimentando levemente. Se não disciplinarem essas interferências, condicionando-as ao equilíbrio ecológico, em pouco tempo a Terra deixará de ser o centro de nossa aprendizagem, por não ter mais condições de manter a vida. Nenhum espírito agüentará manter-se na carne, que não vai mais oferecer condições de controle saudável.

Vendo que eu o ouvia com respeito, prosseguiu:

– A vida se manifesta em profundos movimentos rítmicos, cadenciados, em espirais ascendentes que ainda não nos é dado conhecer o primeiro elo, nem o último. O que já sabemos é que todos estamos vivendo, atuando, e mergulhados num ponto dessas espirais. E que estamos todos, e tudo, interligados de tal forma que uma nota dissonante, uma quebra de ritmo, perturba larga faixa, muito além do ponto onde ocorreu, requisitando socorro e reposição imediatos.

– Como assim? – indaguei, preocupado.

– Estamos aqui preocupados com a péssima qualidade da vida terrena. Temos feito estudos sobre o assunto. Nós também pertencemos à espiral evolutiva da Terra. Somos um lado, o outro é aquele extremo onde ainda situam-se as almas sofridas e tristes.

– Refere-se ao umbral?

– Não só ao umbral, mas ao centro da Terra, onde seres ainda em precárias condições encontram-se retidos naturalmente. O ambiente terreno reflete-se aqui e naquele extremo, penosamente.

– Como assim?

– Como acha que a desintegração atômica atua em outras dimensões de vida? Já pensou na concentração dos elementos corrosivos que o homem vem utilizando em larga escala na industrialização, na interferência indevida de elementos na química orgânica dos corpos, envenenando os alimentos e comprometendo-se perigosamente?

– Os alimentos? Refere-se aos fertilizantes químicos?

– Certamente. Como acha que eles atuam, aumentando as células, interferindo nos órgãos de reprodução? Eles desequilibram o metabolismo natural das plantas e desregulam seu ciclo.

– O que pode acontecer?

– A natureza preservar-se, negando-se a produzir.

– Mas esses recursos aumentam a fertilidade.

– Por algum tempo. Mas sem a defesa natural da vida energética e o fluído vital sem conexão com as células reproduzidas de forma anormal, os germes que naturalmente estariam equilibrados, quando da harmonia do processo, também se reproduzirão dentro de um clima anormal e destruirão a vida organizada.

– Quer dizer que pragas e doenças destruirão as lavouras?

– Por certo. E ainda, nesses casos, os homens agridem a natureza, colocando mais elementos nocivos na química para destruir as pragas. Assim, envenenam-se gradualmente, porquanto ingerem esses alimentos.

– O que me diz é muito sério – tornei, preocupado. – Como evitar isso? O que dizer-lhes?

– A verdade. Agora eles já têm na Ciência recursos para perceber a energia vital que emana dos seres vivos, das plantas, etc. É preciso estudar esse campo e compreender que cada planta, cada ser, não é apenas o corpo denso que eles conseguem manusear, usar, reproduzir, mas é muito mais. É energia, é força, e ignorar essa verdade representa perigoso descuido que vem custando caro para a saúde humana, com reflexos noutros planos da vida.

– Você mencionou os espíritos que vivem no centro da Terra. Como isso pode afetá-los?

– É simples. Embora estejam em outra dimensão de vida, não podem deixar de receber em seu meio as energias desagregantes e desequilibradas que procedem dos problemas terrenos. Nós aqui também temos sofrido essa atmosfera.

– Desculpe-me a ignorância, mas nunca percebi. De que forma?

– Venha comigo.

Acompanhei-o, curioso. Passamos ao redor da casa, entramos em um laboratório, uma espécie de estufa onde havia várias divisões cheias de plantas, aparelhos e gráficos. Paramos frente a uma divisão onde, num canteiro, sob uma luz violeta e tênue, havia algumas plantas com flores.

– Veja aqui. Esta planta é do nosso plano; como sabe, sua freqüência, como de todas as plantas e seres vivos, é determinada, e ela só vive dentro dessa faixa. Guardadas as devidas proporções, é como nós. Já estudou a utilidade das flores?

– Já – ajuntei, contente. – Alegram a vida, perfumam, revelam a bondade de Deus.

– Tudo isso ainda não é suficiente. As flores, na dinâmica do Universo, são condensadores de energias delicadas, filtros extraordinários e vitais. Sem elas a vida não seria possível.

– Ah! – fiz, admirado.

– São revitalizantes do ambiente, principalmente quando vivas, isto é, no pé. Suas energias, absorvidas, realizam trabalho extraordinário de vitalização, destruindo miasmas e energias desequilibrantes. Observe este exemplar. Está doente. Foi atingida por energias desagregantes da Terra onde tem ligações cíclicas. Chegou aqui doente, revelando dificuldades que estamos estudando e procurando restabelecer.

– As plantas são como os homens? Também regressam da Terra doentes e precisando de socorro?

– De que se admira? Não disse que todos nos ligamos na espiral da evolução? Nossos mundos são coexistentes, os ciclos se completam e fluem naturalmente. Assim como nossos médicos socorrem os corpos espirituais dos que deixam a Terra, nós cuidamos do meio ambiente, procurando atuar em nossa área, melhorar a qualidade da vida, para que ao voltar à Terra esses seres, essas energias, estejam menos deterioradas. Mas é tarefa difícil. Por isso é que eu lhe peço. Escreva-lhes. Conte-lhes nossas dificuldades. Afinal, somos todos desejosos de viver bem. O campo da energia é fascinante, e você pode ver como isto por aqui é lindo, cheio de vida, luz, paz, dinâmica sadia e alegria. Por que os homens não entendem essa verdade?

Saí dali com o coração cheio de esperança. A felicidade ao alcance de todos os homens... não é privilégio de seres evoluídos, especiais. É condição de vida daqueles que aprendem a se harmonizar com a natureza.

Não é complicado, não é difícil, não é impossível. É aprender a ler no livro da vida as sábias lições que oferece, respeitando suas leis, sua integridade, e principalmente, amando todos os seres e as coisas, deixando-lhes sempre o direito sagrado de poder viver.

Acham que estou sendo otimista? Mas vendo o que vi, sabendo o que sei, acredito que seria muito aconselhável tentar aprender.

Há quem pense, na Terra, que aqui onde passamos a viver depois de deixarmos o corpo de carne, somos submetidos ao julgamento de nossos atos, e Deus, ou quem sabe o Cristo, ou mesmo um dos apóstolos em pessoa, preside ao ato, devidamente togado e, investido do poder de determinar o número exato dos nossos erros, decreta solenemente a sentença condenatória ou os prêmios e as bem-aventuranças a que fizermos jus.

O que fazer? O céu, o purgatório e o inferno ainda estão em nossas cabeças, mesmo quando todos os fantasmas se empenham em afirmar que não encontraram por aqui nada dessas coisas.

É bem verdade que cada um sabe de si. Isto é, cada um sente muito bem onde foi que fracassou ou onde foi que conseguiu vencer.

Se, nas sentenças dos tribunais da Terra, às vezes o réu, sentindo-se menos culpado, ou violentado nos seus sentimentos de justiça pela ignorância dos juízes ou pela corrupção dos que forjam "testemunhas" e "provas" de acordo com seus próprios interesses, aqui, via de regra, cada um, mesmo sem o tribunal constituído, percebe o volume das suas transgressões e resolve punir-se de acordo com seu próprio julgamento, condenando-se ou absolvendo-se, mas sempre decidindo colocar as coisas nos devidos lugares.

E sabem por quê? Por que a vida aqui é tão simples, tão verdadeira, tão natural, os valores tão claros, que as necessidades de cada um se evidenciam. Depois, há o desejo de desfrutar o melhor, a felicidade, o amor, a alegria, a paz, o trabalho.

Já pensaram na surpresa dos que na Terra habituaram-se às aparências, a colocarem o poder, a riqueza, suas próprias necessidades, acima dos objetivos eternos do espírito? Os que, reduzindo a vida ao bem-estar terreno, menosprezaram todos os valores reais e superiores da alma imortal?

Esses, quando chegam aqui, sentindo a puerilidade, a fragilidade dos objetivos em que tinham colocado seu ideal, envergonham-se e aspiram modificar-se. Porém, o remorso, a angústia, os prejuízos causados a outrem, tudo leva-os a condenarem-se, e com tal rigor que alguns se castigam cruelmente, punindo-se com mais veemência do que o faria um juiz sério e bem-intencionado.

Vocês duvidam? Acreditam que eu esteja exagerando? Mas é verdade.

Não sei se por autotortura ou por masoquismo, o homem, na maioria, tem sido muito cruel consigo mesmo. A bondade de Deus, que não o condena e o ajuda sempre a sair das dificuldades, nas leis que procuram mostrar a verdade e garantem o bem apesar de tudo, o faz sentir-se mais culpado.

Pensando nisso, acredito que nosso orgulho tenha contribuído bastante para esse comportamento.

"Por quê? Como?!", pensarão todos. Se estou punindo-me, se estou querendo integrar-me na verdade, quero ser humilde, estou justamente deixando de ser orgulhoso.

Mas não é bem assim. Se encontro mais culpa em meus atos, se estou sendo mais severo comigo do que a realidade exige, é porque a verdade me feriu muito mais. Eu estava tão "alto", eu me atribuía tantos méritos, que ao enxergar meus erros me obriguei a violentar muito minha vaidade. O excesso de culpa pode vir a ser espelho do nosso inconformismo em aceitar o que somos e a perceber nossos limites.

Estou sendo complicado? Espero que não. Afinal, a vida é simples e nós é que complicamos as coisas.

Nós que trabalhamos em turmas de socorro temos encontrado sérias dificuldades para aliviar os sofrimentos de pessoas que se querem punir e alimentam suas desgraças, remoem seus erros com crueldade e recusam-se a sair da situação alegando o merecimento de tantos sofrimentos. Não percebem que o trabalho no bem é o mais importante, nem que essa represente a única maneira de encontrarmos nossa dignidade perdida, nosso respeito próprio, e devolver à sociedade onde vivemos o que lhe tiramos. Muitos continuam pensando assim, o que fazer?

Não é só aqui que isso vem acontecendo, mas na carne mesmo, quantos estão perdendo tempo precioso nesse jogo orgulhoso do julgamento próprio e da consciência da própria inutilidade? Por acaso o passado pode ser modificado? Claro que não. E é por isso que, apesar de tudo, vale mais fazer algo de melhor no presente do que afundar na culpa e prejudicar-se ainda mais.

Acham que estou muito sério? É que ultimamente esses problemas têm-me preocupado. Sabem por quê? Porque o homem podia caminhar mais depressa e não o faz. Perde um tempo enorme em coisas sem importância.

Agora, os melindrosos vão dizer que estou menosprezando os sentimentos. Não é isso. Cultivar coisas inúteis e que a vida por certo vai trabalhar para despojar é perda de tempo.

A culpa exagerada, a autopunição, a crueldade própria, as exigências de perfeição acima de suas possibilidades são frustrantes e irreais. A vida alimenta-se da verdade. Não das verdades convencionais e humanas, mas de suas necessidades básicas de desenvolvimento do ser e que buscam integrá-lo no movimento de progresso.

Acham que estou bem? Eu também acho. Tenho alegria, vontade de viver, de aprender, de ser feliz. Gostaria tanto que vocês também se sentissem assim... Todos podemos. É a bondade de Deus.

Pensando nesse assunto foi que me decidi a procurar por Amadeu e trocar algumas idéias. Ele foi juiz conceituado no Rio de Janeiro e exerceu dignamente esse cargo durante quarenta anos. Regressou ao nosso plano há dez anos. Conhecia profundamente as leis da Justiça no mundo e eu tinha ouvido mencionarem seu nome com respeito e consideração.

Como eu não o conhecia pessoalmente, pedi a um amigo que nos apresentasse, e em uma noite de lazer, fomos até sua casa.

Tratava-se de um homem magro, alto, conservava a aparência de meia-idade, embora tivesse desencarnado em idade avançada. Alguns conseguem rejuvenescer quando vivem aqui. Não é uma delícia?

Amadeu recebeu-nos cortesmente e não sorriu nem ironizou quando declinei minha condição de repórter terreno. Sentamo-nos, e ele, olhando-me com simplicidade, perguntou:

– O que deseja saber?

Expus minhas observações e terminei respeitoso:

– Sei que você cumpriu longa carreira na Terra como juiz. É, portanto, um estudioso do comportamento. O que acha da crueldade e da punição que o homem dá a si mesmo?

– Tocou num ponto interessante. Sempre me surpreendi muito com certas atitudes do homem. Essa é uma delas. Em que pese a magistratura no mundo, que é exercida precariamente, uma vez que, como juízes, raras vezes temos acesso à verdade dos fatos, adulterada às vezes até pelos próprios interessados, nem sempre em seu próprio favor, pude observar várias vezes que pessoas havia a quem a absolvição do júri ou do tribunal não conseguia devolver a serenidade. Tive certa vez um caso que me deu o que pensar.

– Conte-nos – pedi, interessado.

– Certa vez, recebi um processo para sentença. Ao estudá-lo, pelos autos pude saber que o réu, primário, tinha assassinado um amigo por surpreendê-lo no lar, a altas horas, em intimidades com sua mulher. Fácil foi colher as provas da culpa da esposa e elas não deixavam dúvidas quanto ao seu relacionamento com a vítima. Você sabe que a lei dos homens, nesses casos, absolve o culpado. Na Terra, o juiz deve ater-se à lei, aplicando-a conforme diz o código. E como eu sempre dei preferência a absolver, deixando a vida ensinar, cumpri minha função. Ele foi absolvido. Recuperou a liberdade.

— É mais fácil absolver do que condenar?

Ele olhou-me, e seus olhos brilharam com certa malícia.

— A função de julgar é muito difícil. Como eu disse, não temos a verdade. Nesse caso, sempre preferi absolver, condenando à prisão somente aqueles que ofereciam perigo à sociedade. Apenas como medida acauteladora. E foi por isso que percebi que a absolvição formal e da justiça humana, para muitos, não era o bastante para conduzi-los à vida normal. Esse réu, absolvido, não ficou contente com a sentença. Sentado a minha frente, chorou copiosamente. Tentei confortá-lo.

— Procure esquecer. Você foi considerado inocente.

— Mas eu sou culpado. Por que me absolver?

Fiquei sem saber o que dizer.

— Matou em defesa da honra – disse automaticamente.

— Que honra? O que minha mulher fez, eu fiz mais de cem vezes. Que honra?

Calei-me. Ele prosseguiu:

— Isso está me perseguindo. Na hora, fiquei louco. Quando vi os dois abraçados, beijando-se, o sangue me subiu. Peguei a arma e o matei. Só não atirei nela porque nossa filha acordou e colocou-se entre nós.

— Eu sei – aduzi, sério.

— Acha que sou inocente? Ele deixou mulher e filhos. Agora, o que vai ser deles? Eu queria ser preso. Eu mereço. Depois, não tenho para onde ir. Não posso voltar para casa ao lado dela. Como suportar a vida depois disso?

Fiquei penalizado.

– Por favor, senhor juiz, eu confesso minha culpa, mande prender-me.

– Não posso – expliquei. – A lei o absolveu. O sr. cometeu um crime passional justificado.

– Não quero saber. Sei que sou culpado. Saía quase todas as noites, deixava minha mulher sozinha, ia atrás de outras aventuras. Jamais pensei que alguém desejasse estar com a mulher que eu julgava ser de minha propriedade. Agora estou mais calmo. Passada a surpresa, estou magoado, arrependido. Não devia ter atirado.

– Agora é tarde. Precisa conformar-se.

– O que fazer?

– Já que compreende seu erro, já que se arrepende, o melhor seria pedir perdão a sua mulher, tornar-se um bom marido para ela e amparar a viúva da vítima e seus filhos, da forma como puder. É a maneira decente de refazer os prejuízos e recomeçar. Sua esposa está arrasada. Tenho certeza de que está arrependida.

Ele sacudiu a cabeça.

– Não posso. Como passar por cima de tudo como se nada fosse? Como humilhar-me ainda mais? Como ter coragem de encarar os amigos, tudo?

– Conversei com ele horas, e ao final compreendi. Ele, apesar da consciência do seu erro, não queria abdicar da cômoda posição de vítima. Saiu da minha casa arrasado. E afundou-se na bebida, relegando ao abandono sua profissão. Era de abastada família, e depois do desquite, botou fora todos os recursos que lhe vieram às mãos. Desencarnou em péssimas condições. Condoído, acompanhei-lhe o caso. Apesar de isso ter acontecido há mais de quarenta anos, encontra-se ainda em lamentável estado de depressão. Sua mulher sofreu muito, lutou, trabalhou e conseguiu amadurecer no bem. A filha compreendeu e sempre o quis ajudar. Ambas o amam muito, apesar de tudo. Estão aqui, em nossa cidade, e trabalham duro na esperança de ajudá-lo. Até a vítima já o perdoou, porque se arrependeu da traição ao melhor amigo e justifica o crime. Trabalhou, melhorou e quer ajudá-lo. Mas ele foge e recusa o entendimento. A viúva, os filhos, todos o perdoaram, evoluíram, estão trabalhando, ninguém o condena. Ele, no entanto, não se perdoa, não se julga capaz de fazer o bem. Pune-se cruelmente até hoje sem cessar.

— Eu diria inutilmente — aduzi. — Perdendo tempo.

— É verdade — concordou Amadeu. Se ele tivesse trabalhado em favor dos que prejudicou, ou mesmo de outras pessoas, feito benefícios, desenvolvido seu potencial interior, teria voltado a respeitar-se e poderia agora usufruir do amor daqueles que no fundo ele continua amando. E, juntos, poderiam construir uma vida melhor.

— Pela primeira vez começo a perceber que a absolvição nossa aos erros dos outros pode às vezes acentuar sua consciência de culpa.

— O homem acha cômodo dividir sua responsabilidade. Quando a devolvemos a ele, então a consciência pode acordar com mais veemência. Pena que nessa hora ele ainda não saiba transformar essa visita da verdade em amadurecimento próprio, e em trabalho produtivo de desenvolvimento e progresso.

Concordei. Que bom se pudéssemos ter consciência dos nossos erros, mas pudéssemos alijar a culpa de nossas vidas. Que bom se pudéssemos guardar a confiança apesar dos limites das nossas condições, das bobagens que fizemos, e do arrependimento que nos acomete. Copiar a Deus que não castiga, mas abre portas a nossa aprendizagem. A natureza que embeleza e perfuma, alimenta e agasalha todos os seres, trabalhando no bem sem preocupar-se com as culpas de ninguém.

Vocês não acham que, agindo assim, tudo em nossa vida começaria a melhorar?

Sou romântico. Estão admirados? É verdade. Gosto de boa poesia, de casos de amor, e até de apreciar histórias onde os personagens são ingênuos, quando bem contadas com graça e oportunidade. Por que não?

Embora eu sempre tenha procurado ser realista, viver no presente, esse lado da minha personalidade por vezes aflora, e aí não posso deixar de enveredar pelos caminhos da fantasia. Ser romântico é ser fora da realidade? É fantasiar fatos e personagens, de acordo com o que gostaríamos que eles fossem?

À primeira vista parece-nos que sim. Porém, no fundo, no fundo, deixando de lado o acanhamento, quem não gostaria de viver um romance de amor, nos moldes do século passado, com um final feliz? Quem não gostaria de poder, como em um final de livro ingênuo ou de um filme da Metro, dizer: "Eles foram felizes para sempre"?

É que, apesar disso, há sempre o depois. A vida continua, tudo continua, as situações mudam, as pessoas mudam. A vida transforma tudo, e o "felizes para sempre" pode representar "felizes por um certo tempo".

Apesar disso, quem não sonha por vezes com uma situação dessas? Quem não fantasia histórias nas quais seja personagem central e muito bem-sucedido em todos os campos da vida, inclusive no afetivo?

Apesar dos dias atuais serem mais realistas e os costumes inclinarem-se para o possível, quase todas as pessoas guardam, escondidas no coração, a esperança vaga, o desejo inconfessado, o sonho secreto de ser personagem de uma história dessas.

Que fazer? O romantismo está dentro de nós, passem os anos, mudem os costumes, progridam os homens, a Ciência e a visão da realidade. Ele pode ser representado pela beleza, amor, confiança e até esperança, em um mundo embrutecido pelos choques da violência. E é ainda o romantismo que coloca dentro de nós um D. Quixote, sempre disposto a enfrentar os moinhos de vento da vida em prol de um ideal. Estou sendo romântico? Não nego que sou.

Se eu pudesse liberar esse lado da minha personalidade, dando asas à fantasia, me colocaria como um paladino dos pobres e dos miseráveis da Terra, acabaria com a miséria, daria a todos o acesso à educação e ao progresso.

Será romantismo desejar que outros possam enxergar o mundo pela mesma janela que eu vejo? Não da mesma forma, mas com o mesmo acesso aos bens que eu desfruto, pela instrução e pelo conhecimento? Muitos acham que sim. Mas ainda assim, seria bom poder educar, mostrar, dar a perceber – para aqueles que ainda desconhecem, que olham a vida por um ângulo acanhado e estreito, pobre, duro, e triste –, a grandeza do saber, a beleza do futuro. A bondade de Deus. E o mais importante, a possibilidade de aprender, de conhecer, de crescer, de vir a ser sábio e culto, bom e nobre. Já pensaram com seria o mundo se todos fossem assim? Será romantismo isso? Será dissociar-me muito da realidade?

Pode ser. Mas acho que a vida guarda também muito de romantismo, apesar de as pessoas entenderem o contrário. Não é ela quem proporciona ao homem os meios para aprender? Não é ela quem tece os "acasos", os "encontros" das pessoas, favorecendo romances, reencontros, entendimento? Não é ela quem sabiamente separa as pessoas por algum tempo, dando chances para a meditação, discernimento e avaliação? Não é ela quem as une novamente, seja no plano espiritual, seja na Terra, pelos laços da reencarnação? Acham que a vida não seja romântica só porque ela nem sempre nos dá o que nós desejamos? Quem nos garante que ela, quando nos contraria, não está olhando o nosso futuro? Quem pode afiançar que a separação de hoje não seja a base para a ligação mais estreita de amanhã?

Afinal, ser romântico de vez em quando, deixar falar nosso lirismo não é um mal. Ser realista não é ser pessimista. Porque a vida não é triste, nem nos encaminha para o sofrimento. Ao contrário. A vida é alegria, beleza e entendimento, e é para lá que ela nos quer conduzir. Ser realista é ser bom, ser útil, acreditar no futuro, e no homem.

Acham que o romantismo deu voltas a minha cabeça? Pode ser, mas eu acredito seriamente nisso.

Como estava interessado em escrever-lhes sobre o assunto, resolvi colher material através de pessoas capacitadas para esclarecer-me. Por isso fui procurá-lo. Um homem romântico, que durante mais de cinqüenta anos consecutivos trabalhou na Terra em favor das criaturas. Espalhara a alegria, a coragem, o amor, a beleza, a pureza, a grandeza da vida e a confiança no futuro. Chegara a nossa cidade não havia muito tempo, cercado do respeito e da deferência de muitos amigos, e residia em agradável casinha em meio às flores das quais tanto gosta, sendo visitado especialmente pelas crianças, embora todos o apreciem.

Conheci-o na Terra e, por isso, dispensando as apresentações, fui procurá-lo.

Recebeu-me com seu sorriso largo e seu abraço forte. Sentamo-nos. Vendo-lhe o ar distendido e o rosto sereno, comentei:

– Você é feliz. Soube encontrar a felicidade.

– Não nego que me sinto muito bem.

– Recordo-me que, quando na Terra, passou por lutas difíceis.

– É verdade. Mas, nunca deixei de ter confiança. Quando perdemos a confiança nos homens e em Deus, o que nos resta?

– É verdade. Contudo, nem sempre podemos confiar sem risco de sermos ludibriados.

Ele riu, com um brilho malicioso nos olhinhos vivos.

– É preciso confiar no ser humano, e em seu potencial, mas estar alerta aos seus momentos de desequilíbrio.

Rimos. Ele, como bom mineiro, não se deixava iludir com facilidade.

– Vim aqui por que quero falar de romantismo. Você é o maior romântico que conheci. Muitos acreditam que o romantismo seja causa de muitos desatinos. Que fatalmente nos conduz à desilusão e ao sofrimento. Você, o que acha?

Ele sacudiu a cabeça, pensativo.

– Nunca me detive para pensar nisso. Acha que sou romântico?

– Para mim é o maior. Reencarnou em família de classe média, teve acesso à ilustração, com os recursos de inteligência que possuía poderia ter partido para uma carreira profissional rendosa, conquistar posição social, poder na política e até nas Letras, que talento não lhe faltava. No entanto, deixou tudo isso, vestiu roupa colorida, pintou a cara e foi para o circo. Tornou-se palhaço. Por que fez isso?

Ele riu, divertido, mas havia uma ponta de emoção em sua voz quando disse:

– Porque confio no ser humano. Achei que podia colorir os momentos das criaturas. Estender sorrisos, levar alegria. Construí um mundo onde a tristeza não podia entrar. Mostrei que as coisas simples e naturais são as mais verdadeiras. Derrubei o preconceito, a convenção, as barreiras sociais. No circo todos riam, todos penetravam no meu mundo de simplicidade e de bondade.

– A figura do palhaço é comovedora. Sempre me emociono quando vejo um. Você, para mim, foi o máximo em sua arte. Arrancou-me sorrisos, colocou-me de bem com a vida, quando eu brigava com ela. Dentre os artistas, acredito que o palhaço seja o que mais demonstra humildade. Pinta-se, fantasia-se, e o público, em sua maioria, desconhece sua verdadeira figura. Trabalha no anonimato.

— Bondade sua. O artista que se torna famoso paga o preço da fama, restringe sua liberdade. O palhaço não. Eu morreria sem liberdade. Meu mundo é o mundo da bondade, da cor, da música e do sorriso. Não me arrependo. Levei a muitos, com minha presença caricata, meus casos ingênuos, minhas piadas simplórias, momentos de recomposição íntima e até de bem-estar.

— Distribuiu bênção e beleza. Por isso fez jus a tanto carinho de tantos amigos.

Ele abanou a cabeça:

— O que acontece é que os homens são bons. Se lhes dermos amor, beleza, confiança, alegria, eles sabem retribuir.

— Quando na Terra, você enfrentou muitos problemas, lutas e até perseguições.

— Essas coisas correm por conta das tempestades que vergam, mas enrijecem a árvore. Eu precisava aprender. A bondade sempre esteve presente em minha vida. Eu poderia contar muitos episódios nos quais vivi grandes momentos de carinho e amor, e, seu eu fizer avaliação criteriosa, eles foram mais numerosos e mais constantes do que os outros. Prefiro guardar os bons momentos que me confortaram e me deram alegria do que os outros. Não entendo de justiça. Deus sabe o que mereço.

Abracei-o, comovido. Senti-me menino de novo, diante daquele homem bom, compreensivo, terno, que a dureza do relacionamento na Terra não tinha conseguido impressionar.

Saí dali leve, alegre, feliz, confiante. Não é que o romantismo pode ser um bem? Que alegria poder cultivar nossos sonhos de amor, de bondade, de beleza.

Porém, não devemos ter ilusões inúteis. A vida só vai concretizar o que for útil. Afinal, não é ela quem trabalha para nos ensinar a crescer? Não é ela quem se posiciona para mostrar-nos as maravilhas das Leis Divinas e a grandeza da Criação? Não é ela quem nos ensina a ter esperanças nos desígnios de Deus, que nos vai conduzir à felicidade eterna e aos mundos de luz? Que bom. Que beleza. Que alegria!

Vocês não pensam como eu?

Em meio aos acertos e aos desacertos, ninguém pode pensar que esteja sozinho. A novidade sempre provoca reflexão, e se afere valores, também estimula a inteligência, conduzindo o homem à observação de outros aspectos da vida.

Por isso, pensar que estejamos despreparados para renovar-nos ou para prosseguirmos na aprendizagem seria o mesmo que descrer da existência de Deus e da sua constante participação em todas as coisas.

Despreparados nós não estamos, porquanto quando o sapato aperta sempre conseguimos "dar um jeito" (o que se, por vezes não é genial, sempre alivia um pouco a situação). Nesse assunto, nós, que somos os reis do "jeitinho", levamos algumas vantagens.

O que atrapalha é a preguiça que se esconde sempre atrás, e ele, o "jeitinho", apesar de engenhoso, acaba por empurrar-nos a situações de embaraço maior. Se nós usássemos todo nosso carisma, toda nossa criatividade para "dar um jeito" nos nossos problemas, sem medo de enfrentá-los e considerando nossas necessidades reais de espíritos eternos, que beleza!

Já pensaram como em pouco tempo tudo estaria nos eixos?

Porém, e o medo? E a vontade de segurar a vida, de comandá-la, de parar no tempo (principalmente quando estamos por cima), ou de simplesmente permanecer comodamente instalados, em situações que já estamos seguros de perceber, manipular e até dominar?

Pode parecer que hoje eu esteja muito preocupado com a evolução, e com o tempo que cada um leva para andar.

Mas, levando-se em consideração a problemática do mundo atual, dos problemas humanos, quem não estaria?

Vendo tanta dificuldade para perceber verdades que a vida vem exaustivamente mostrando, o apego do homem às posses materiais, sua dificuldade extrema de aceitar as mudanças que a vida estabelece como lei, e principalmente, constatando a infelicidade, a dor, a crueldade, o sofrimento inútil, a revolta, a teimosia, a distorção dos valores espirituais, das almas que regressam do mundo terreno, fico pensando o que se poderia fazer para ajudá-las a harmonizar-se mais com suas necessidades reais, que fingem não saber.

O tempo passa e o homem nega-se a seguir para a frente. Tudo se transforma, e ele se agarra ao passado, a uma hora e a uma situação em que viveu, e quer parar.

A natureza dispôs de todos os elementos para enriquecer-lhe o conhecimento, preparando-o para o exercício pleno da felicidade e do amor, e ele se fecha a suas diretrizes e teima em iludir-se com fantasias.

Há momentos em que essa "briga" contínua me cansa. A você não? Se fosse em outros tempos eu a chamaria de burrice; hoje, entretanto, constato apenas minha impaciência, que pretende fazer tudo sempre muito depressa, o que também é fantasia. Porque posso até enxergar que a vida não é apressada, é rítmica, é cadenciada, é perfeita. Por isso, dentro da minha impaciência, que ainda "briga" com o ritmo certo da natureza, como posso julgar o procedimento dos outros?

Porém, há uma verdade da qual não podemos fugir. É o sofrimento que vejo por toda parte. É o arrependimento tardio, e até a cara de desolação do homem, que depois de brigar muito para manter sua posição e evitar a mudança natural, acorda, mercê de Deus e de muitas preces dos familiares e amigos, depois de ter vivido sessenta ou setenta anos na Terra, mais dez ou vinte (há quem fique mais) no umbral, e percebe que foi o único responsável por todos aqueles anos de sofrimento que teriam por certo sido evitados, ou diminuídos, se ele tivesse voluntariamente se esforçado para enxergar, sem medo, o que a vida lhe queria ensinar.

Nessa hora, tal qual a criança que descobre que o Papai Noel não entrou pela chaminé para deixar-lhe a bicicleta, que jamais entraria por uma, ou até que sua própria casa nunca teve uma chaminé, ele sente-se ridículo, dissimula, procura mostrar que "fingia" acreditar, mas que já no mundo sabia a verdade.

Estou sendo rude? Não sei. A teimosia me cansa, talvez por ser ainda um pouco teimoso. Mas, o que quero mesmo, e gostaria que soubessem, é contribuir para melhorar esse estado de coisas.

Estou aqui, vendo e vivendo experiências incríveis. Aos poucos, vou descobrindo os segredos da natureza e percebo que eles só são segredos na medida em que voluntariamente nos fechamos para ela, que procura de todas as formas convidar-nos à participação e ao crescimento espiritual.

Descobrir isso é um deslumbramento. Estamos agarrados ao corpo de carne, mesmo sabendo que um dia ele nos deixará; colocamos toda nossa força na construção de bens materiais, que ficarão na Terra quando partirmos, prendemo-nos à beleza física, à juventude, à forma, à aparência, que são apenas fases, e desprezamos as grandezas que a vida nos oferece realmente, lutando para nos dar os valores de felicidade, beleza, alegria, eternidade.

Será que você, vendo tudo isso claro como eu estou vendo agora, não pensaria como eu? Não lutaria para que as pessoas não fossem tão displicentes ou tão teimosas?

E, como cada um usa as armas que tem, a minha é a conversa. Mas, como a conversa, na maior parte das vezes, não é levada a sério, procuro fatos. Pessoas que podem oferecer sua experiência como ilustração, alertando-nos, chamando-nos para a realidade.

Por isso procurei Gelson, companheiro em nossas atividades de socorro, para algumas idéias. Juntos, em agradável sala que os últimos raios solares iluminavam gostosamente, expus minhas idéias.

Ele ouviu-me silencioso e ao final respondeu:

– Sei o que pretende. Gostaria de colaborar. Para isso vou contar-lhe uma história.

Olhei-o de frente. Fazia dois anos que ele iniciara nas atividades de socorro aos espíritos desencarnantes da Terra e, pelo que eu sei, nesse tempo conquistara a simpatia de todos, pela dedicação, amor e responsabilidade com que cooperava na tarefa. Eu nada sabia sobre ele. Nossa amizade datava daí, embora nos apreciássemos mutuamente.

– Estou pronto a ouvir – respondi, interessado.

Após alguns segundos, ele começou:

– Há quase dois séculos um espírito programou uma encarnação na Terra. Tinha conseguido alto grau de conhecimentos intelectuais, porém, conservava a vaidade e o orgulho como pontos a serem trabalhados ainda. Seu espírito necessitava conhecer a simplicidade, desenvolver o respeito pelas leis naturais da vida e, principalmente, aprender a conhecer sua própria força. Para isso, preparou-se durante muito tempo. Até que julgou chegado o momento. Reencarnou na Terra. Achava que já tinha vencido o orgulho e a vaidade. Intelectualmente, estava convencido da necessidade de conquistar a humildade e, por isso, julgou-se bem preparado. Escolheu um lar nobre e posição de liderança. Pretendia ajudar o próximo, amar o semelhante, e como fazer o bem sem recursos? Como beneficiar sem meios? Nasceu conde e possuidor de grande fortuna. Seus pais, ilustres e generosos, deram-lhe excelente educação, e aos 25 anos, ficou órfão e com todos os bens na mão. Ingressou na política, e sua brilhante inteligência colocou-o entre os mais ilustres membros do Parlamento de seu país. Ele, fascinado, mergulhou nas teses governamentais, nas discussões intermináveis das minúcias formais e esqueceu-se dos ideais de amor que sonhara realizar.

Gelson fez uma pausa, olhos perdidos no tempo e sombra de tristeza no olhar. Aproveitei para dizer:

– Aposto como a vida procurou despertá-lo.

– De todas as maneiras. Era constantemente abordado para atender problemas sociais da classe pobre, mas ele não dispunha de tempo. Seus servos amotinaram-se, destruindo uma das suas propriedades, miseráveis e revoltados pela exploração feudal. Nosso amigo procurou recursos na lei, punindo-os rigorosamente para exemplo. Seu filho mais velho, frívolo e vaidoso, orgulhoso, e em quem ele colocava todas as suas esperanças, foi assassinado barbaramente em aventura amorosa por assaltantes vulgares. Mas nem assim ele compreendeu. Continuou, satisfeito com a posição de mando, julgando-se superior em inteligência, em classe e até em sangue. Então veio a arteriosclerose, e ainda assim, ele não reconheceu suas necessidades. Tornou-se irascível, e mesmo decrépito, era cruel e orgulhoso. Exigia tudo sem nada dar em troca. Desencarnou. Levou muito tempo para voltar à lucidez. Sua inteligência, bloqueada, tornava mais visível sua intolerância, seu orgulho, sua ilusão. Foi no começo deste século que ele conseguiu voltar à consciência da última encarnação. Foi o amor de espíritos familiares e amigos que o ajudou. Mas, ainda assim, ele não queria deixar o culto da personalidade na qual tanto se identificara. Apesar da ajuda dos amigos, não conseguia recordar-se da sua personalidade anterior. Fez progressos, recuperou a inteligência, e, apesar da sua dedicação ao trabalho e ao auxílio ao próximo, permanecia sempre na mesma situação. Foi aí que ele, sentindo-se incapaz de remover o obstáculo que o impedia de progredir, orou cheio de fé, pediu a ajuda de Deus. Depois foi procurar seus superiores. Estava cansado da situação. Precisava mudar. Mas, como? Como, se todas as portas fechavam-se para ele? Se a vida negava-se a cooperar? Seus superiores aconselharam perseverança. Arranjaram-lhe uma nova função. Seu filho, que tinha sido assassinado, estava iniciando nova encarnação, com propósito de conquistar a humildade e a fé. Ele seria seu anjo da guarda. Para isso, teria acesso ao programa reencarnatório e procuraria inspirar-lhe os pensamentos necessários a ajudá-lo no cumprimento dos objetivos da encarnação.

– Foi um sábio conselho – ajuntei, entusiasmado.

– Ele foi cheio de esperanças. Durante cinqüenta anos, fez o que pôde para que o filho entendesse o que a vida queria mostrar-lhe. Mas ao final, foi forçado a reconhecer que o filho fechava-se a todas as salutares mudanças, apegado a suas velhas idéias. Suou, chorou, sofreu, e quando o filho regressou ao mundo espiritual sem muito aproveitamento, desabafou com seus superiores: "Só um cego não vê. A vida tentou tudo, e ele, fechado, iludido, nem sequer se permitiu tentar entender. Pode haver mais burrice?". E foi nessa hora que, encabulado, ele se lembrou de sua própria vida. Teve tanta decepção que se retirou para meditação durante alguns dias, ao cabo dos quais estava de posse das lembranças das vidas passadas.

– E hoje, onde está ele?

Gelson sorriu com certa malícia quando respondeu:

– Fazendo estágio entre os que desencarnaram, recolhendo experiências, estudando a vida, o mecanismo sábio da natureza. Só depois de compreender bem isso, é que se vai aventurar a reencarnar.

– Com certeza, será bem-sucedido dessa vez – disse, emocionado.

– Serei – comentou ele.

Abraçamo-nos alegres. Eu sabia o tempo todo que ele relatava sua própria vida. Vocês não?

Ser polido é melhor do que não ser. Parece frase de efeito, mas não é, é a verdade mesmo.

Há quem diga que o melhor mesmo é ser bom, evoluído, perfeito; eu ainda acho que se a maioria não consegue ser tudo isso, pelo menos, tendo educação, polidez, a coisa fica menos pesada.

O polimento é tão necessário que hoje é usado até nos mais comezinhos objetos. Tudo hoje é polido, brilha e tem até mais beleza. Tanto que o acabamento em qualquer atividade é muito importante. Dá aquele ar de coisa bem-feita, boa, e há muita gente até que, se o acabamento não for bem-feito, se a embalagem de um produto não for bonita, por certo não vai comprar.

Uma comida pode estar muito boa, mas se for servida em pratos sujos ou quebrados, em mesa desleixada, sem higiene, ninguém a apreciará.

E o polimento é útil, e chega até a ser importante em muitos casos. Se é assim nas coisas comuns do dia-a-dia, também é importante em nosso comportamento. Uma briga entre pessoas polidas, por exemplo, pode ser tão violenta quanto qualquer outra, mas certamente será menos desagradável do que entre pessoas de pouca educação e que não se agridem somente, mas ferem os ouvidos e os sentimentos de quem esteja por perto.

Vocês vão dizer que a aparência não importa, mas o que importa mesmo é a essência, o que somos realmente, e o quanto transgredimos as leis de Deus. Isso não deixa de ser verdade; porém, eu acredito que as pessoas podiam, pelo menos, já que não podem ainda ser fraternas e equilibradas, respeitar os outros. O polimento, para mim, é o direito de não ferir a suscetibilidade alheia com nossos problemas. É a civilidade, a educação. É o mínimo que podemos exigir de nós, já que todos queremos ser respeitados e bem aceitos.

Já repararam como as pessoas sabem portar-se, ser delicadas, quando seus interesses estão em jogo? Que engolem o mau humor quando em presença de pessoa que é do seu interesse agradar? Perceberam que muitos são grosseiros apenas com seus subalternos?

Isso demonstra que não nos é difícil conseguir o polimentos necessário para, pelo menos, não agredir os outros injustamente.

Falo isso porque sempre admirei a pessoa com classe, que enfrenta todos os seus problemas sem despentear um fio de cabelo, esquecer de polir os sapatos ou responder educadamente às pessoas, mesmo com o coração partido ou angustiado por problemas pessoais.

Afinal, a educação é trabalho nosso. E acho que, mesmo irritado, não concordando com os outros, injustiçado, agredido, ainda posso conservar a educação, apesar de estar fervendo por dentro.

Demonstrar meu desagrado, justo ou não, é um direito meu, que tornarei mais forte se mostrar isso sem agressividade. Polimento, meus amigos, polimento.

É o que fazem os políticos, a quem por certo cabe a elegância de brigar delicadamente uns com os outros. De chegar aos murros sem perder o tratamento de "excelência". Não fica mais bonito assim?

Pensando nisso, certa tarde, distanciei-me dos amigos com quem trocava idéias e sentei-me sob uma árvore à beira de um riacho.

Estava meditando, entregue a minhas fantasias quando alguém bateu-me levemente no ombro. Arrancado do meu devaneio, voltei-me, assustado. Elegante cavalheiro fixava-me sério. Aparentava idade madura, vestia-se à moda de 1930.

Admirado, levantei-me. Ele considerou, atencioso:

– Não desejava importuná-lo. Mas preciso de uma informação. Como não há por aqui ninguém...

Era fino no trato e falava educadamente.

– Não se preocupe. Em que lhe posso ser útil? – indaguei, atencioso.

– Estou procurando uma pessoa e disseram-me que se encontra em vias de reencarnar. Informaram-me que o sr. talvez pudesse dizer-me onde ela se encontra atualmente.

Olhei-o de frente. Não sei por que comecei a inquietar-me. Ele, entretanto, prosseguiu:

– É uma pessoa que se chamava Marcela. Estou procurando há mais de vinte anos. Perdi-a de vista, o sr. sabe. Mas agradeceria muito se me informasse onde está. Disseram-me que o sr. trabalha com os socorristas, e que esteve com ela várias vezes.

– Marcela? – indaguei, procurando lembrar-me.

– Sim – tornou ele, ansioso.

– Acho que sei de quem se trata – respondi, lembrando-me de pobre criatura que nossa equipe socorrera há algum tempo e que se preparava para o regresso com grande dificuldade. Quando, porém, ia dar a informação, senti um certo mal-estar, e admirado, vi a meu lado a figura do meu amigo Jaime.

– Ele não sabe de nada, sr. Polidoro – atalhou Jaime, com energia.

E foi aí que vi meu interlocutor transformar-se. Seu rosto contraiu-se em ricto grosseiro, e, encolerizado, gritou:

– Por quem me toma? Por que interfere em meus negócios? – levantou o braço, e enquanto proferia impropérios, quis agredir-nos.

Foi necessária a interferência de vários amigos para contê-lo e interná-lo em local devido.

199

Sem sair do meu assombro, quando tudo se acalmou, perguntei:

– O que aconteceu?

Jaime olhou-me sério e esclareceu:

– A polidez do nosso amigo quase conseguiu enganá-lo. Polidoro era homem muito educado, porém, de índole cruel. Perseguiu Marcela durante muitos anos, não deixando que ela se libertasse de seu jugo. Foi casado com ela e queria continuar a manter seu domínio mesmo depois de mortos. Porém, ela libertou-se, e hoje não mais deverá ficar sob seu jugo. Ele não se conforma. Quer descobrir onde ela se encontra para subjugá-la.

Respirei aliviado.

– Ainda bem que chegou. Senão, eu teria caído. Ia dar o endereço.

– Às vezes, o polimento nos impressiona. Aprenda, meu caro, que ele pode aparentar, mas jamais ser.

Sorri, aliviado. Afinal, não é que ele tem razão? Vocês não acham? Também, com tanta gentileza, quem iria desconfiar?

Há momentos na vida em que tudo nos parece novo. Olhamos a paisagem, o casario, as flores, o céu, o rio ou o mar e sentimo-nos como que em outro mundo, embora estejamos vivendo ainda no mesmo lugar, com as mesmas pessoas e, aparentemente, nada tenha se modificado.

Vocês nunca se sentiram assim? É como se estivéssemos olhando tudo com olhos diferentes, com uma lente especial, mais profunda e mais ampla, que tanto penetrasse o íntimo das coisas como se estendesse ao horizonte, vestindo-o com novos e inesperados detalhes.

Estou sendo quimérico? Mas é verdade, e garanto que vocês já em alguma ocasião sentiram-se assim. A princípio, assusta um pouco essa abertura de percepção, mas depois nos absorve pelo fascínio que oferece aos nossos pobres sentidos comuns, contidos, delimitados pela faixa educativa da Terra.

Na verdade, essa contenção é necessária. Para os vôos em campo aberto e em maior altitude há que treinar as asas, a respiração e o equilíbrio. Com os instintos mal conduzidos, os sentimentos desorganizados e a visão destorcida, impossível realizar esse vôo.

A faixa terrena representa um trabalho de base na organização do desenvolvimento do espírito. Na vivência experimental da vida terrena, vamos aprendendo a desenvolver nossas percepções e a dirigi-las para o equilíbrio. Mas, eis que um dia, de repente, nos apercebemos de outras faces da vida, de maior parcela de verdade, dos fatos, e modificamos nossos conceitos, deslumbramo-nos com a amplitude das coisas olhando por novos ângulos. Posso afirmar que isso não ocorre só conosco, em nosso plano, mas também em outras faixas de vida em todos os níveis, inclusive na Terra.

É a deliciosa descoberta, ainda que em pequenos fragmentos, da grandeza da vida, da existência de Deus, do mecanismo sensacional que rege todas as coisas.

Vocês nunca se sentiram assim? Claro que sim. Depois desses "flashs" de consciência, desses contatos com a verdade inesperada, tudo nos parece tão simples, tão natural, tão real, que nos admiramos de todos continuarem a viver normalmente depois da nossa descoberta, a maioria sem enxergar o que já percebemos, e os que sabem, sem gritar aos quatro ventos a descoberta sensacional!

Eu gostaria de reunir todos os homens ilustres da Terra, cultos e interessados em fazer o bem e contar-lhes tudo o que se vê por aqui, aquilo que já percebi, fazendo-os olhar pelas lentes novas que consegui, graças à generosidade dos amigos e à bondade de Deus, espiar por alguns breves instantes.

Meu Deus, que beleza! Mas, descobri que essas lentes só funcionam através da energia da pessoa que vê, e por isso, embora eu quisesse, seria impossível por agora realizar esse feito.

Que fazer? A vida protege-se da imaturidade dos prematuros e só permite acesso a sua intimidade aos que reconhece preparados para recebê-la. Pena. Mas, se não posso mostrar-lhes o mundo pelas lentes dos nossos instrutores espirituais, posso, pelo menos, ao contar-lhes esses detalhes, dizer quanto é gratificante saber que a fonte das aquisições do espírito continua sempre a nos oferecer novos caminhos cada vez mais alegres, felizes e belos para o nosso desenvolvimento.

Não é grandioso? Não tenho razão para sentir-me feliz? Há momentos, no estreito limite em que o nosso espírito gravita, que nos sentimos pequenos, tolhidos e até desalentados por não encontrarmos subsídios a nosso progresso, julgando-nos possuidores de grande cabedal de conhecimentos intelectuais ou até espirituais. Mas eis que a vida é tão rica que, de repente, nos sacode de alguma forma, e nossas lentes abrem-se um tanto mais e, maravilha, vemos novos lances da verdade, novos estímulos para caminhar adiante, maiores conhecimentos a perceber e mais luz espiritual a desenvolver.

Esse é o renascimento do nosso espírito. Podemos atravessar várias encarnações sem vivermos um momento desses, mas podemos também vivê-los várias vezes numa só encarnação.

Tamanha liberdade e tanta sabedoria encanta-me sempre. Apesar de ser impossível trazê-los aqui, onde maravilhado vivo tantas experiências, pensei em pelo menos, nessas minhas reportagens, levar-lhes alguns informes mais valiosos do que os meus. Por isso marquei entrevista com o instrutor Albério que nos visita, vindo de plano mais alto onde reside, para dar-nos algumas instruções. Somos vinte companheiros na sala onde temos assistido a suas aulas e onde sua presença tem suscitado respeito, afeto e muita alegria. Além de outras atividades que desempenha em nossa cidade, concordou em oferecer-nos esse treinamento, com vistas a ajudar-nos no trabalho de socorro aos espíritos que regressam da Terra em sofrimento. Mas, além desses assuntos, não pudemos fugir às perguntas outras, e ao seu carisma tão afável e ao mesmo tempo tão firme e enérgico.

Diante dele, sinto-me feliz, sem medo de expor minhas dúvidas e idéias, e embora reconheça-lhe a superioridade absoluta, sinto-me bem em ser o que sou, como sou, e sempre vem dele alguma coisa que me faz sentir que, apesar da distância que nos separa, somos iguais dentro da vida em valor e oportunidades. Sempre saio fortalecido dos nossos encontros e meus companheiros também. Dá para entender? Vendo-o a minha frente, jovial, seguro de si mesmo, muito natural, à espera da minha entrevista, pensei: "Ah! Se eu pudesse mandar uma foto, seria fenomenal. Uma reportagem que se preze precisa de fotos. Mas, ainda não conseguimos um médium fotográfico. Pelo menos por agora".

– Acha importante a fotografia? – indagou ele, sério.

– Acho – respondi, um pouco encabulado. – Na Terra ainda o visual ajuda a perceber melhor as coisas.

– Tem razão. Na comunicação a aparência influi. Na faixa terrena, os olhos têm a função de conduzir os pensamentos para determinados ângulos e aspectos das coisas, embora eles guardem também a força de expressão dos sentimentos e sejam grandes projetores de irradiação magnética.

– Infelizmente não temos médiuns fotográficos para documentar nossas reportagens. Já pensou as fotos que poderíamos mandar em cada reportagem? Retratos de pessoas, cenas do nosso cotidiano, notas do mundo artístico. Seu retrato. Seria genial para mostrar como se vive bem nos planos espirituais. Ajudaria ainda os leitores encarnados a mentalizarem você, sintonizando-se com seus pensamentos tão edificantes.

Ele sorriu levemente.

– Acha mesmo? Pois minha experiência no assunto não foi bem essa.

– Como assim?

– Certa vez, um grupo de amigos que trabalhava em um Centro Espírita na crosta terrestre pediu-me que comparecesse ao local para uma sessão especial. Eu tinha vivido com eles excelente experiência nos trabalhos de socorro aos desencarnados, onde fora encarregado de treiná-los, como estamos fazendo aqui com vocês. Alguns deles freqüentavam um grupo na Terra e estavam muito entusiasmados com o trabalho. Não poupavam elogios à dedicação dos trabalhadores encarnados e pediam-me encarecidamente que fôssemos participar dessa reunião.

Acedi e, no dia aprazado, uma hora antes do estabelecido pelos encarnados, já estávamos a postos. O trabalho de tratamento aos espíritos sofredores era realizado em grande escala, com muita dedicação nos dois planos. Por isso. Gilberto, o dirigente espiritual do grupo e meu pupilo, desejava retemperar-lhes a fé, para que, ampliando-lhe os conhecimentos, eles pudessem abrir mais suas percepções, melhorar a sintonia e a qualidade do atendimento, com vistas a alguns casos difíceis que poderiam ser atendidos, se dispusessem de ambiente especial.

Para isso, tínhamos preparado a sala de maneira especial, com minuciosa higienização do ambiente porquanto queríamos conseguir que a maioria dos médiuns presentes pudesse visualizar-me, enquanto eu estivesse transmitindo minhas palavras.

Vendo minha atenção, ele continuou:

– Tudo foi preparado com cuidado e carinho e o ambiente estava tão suave quanto pode estar na crosta, e estávamos muito emocionados. Gilberto foi o primeiro a falar, destacando detalhes dos trabalhos desenvolvidos, respondendo às perguntas dos presentes, orientando, animando, esclarecendo. Ao final, mencionou minha visita e meu trabalho dentro da área. Foi com emoção que passou-me a palavra. O médium pelo qual me expressei era de cultura média, porém de grande plasticidade mediúnica. Senti-me à vontade ao manejá-lo. Falei então das nossas necessidades de aprendizagem e do alerta em que precisamos estar para enxergar as lições da vida, dos seus convites a nossa mudança, e tentei fazê-los enxergar um pouco mais do processo, relatando-lhes algumas das minhas experiências. O ambiente era muito bom, mas, de repente, comecei a perceber que alguns dos presentes mostravam-se sonolentos e com sinais de cansaço. Encerrei logo, e quando as luzes se acenderam, o silêncio era um pouco desagradável. Alguém considerou:

– Esse instrutor eu não conheço. Nunca ouvi seu nome. Vocês sabem que é?

Não. Ninguém sabia. Uma senhora objetou:

– Eu o vi. Era moço de boa aparência, mas parecia-me muito distante.

– Eu também o vi. É curioso, faz muito tempo que eu não tinha vidência. Mas ele estava de paletó bege e roupa comum. Não parecia um instrutor.

Levaram cerca de meia hora descrevendo minha aparência física, e nenhum deles mencionou sequer qualquer das informações ou das palavras que eu transmitira.

– É decepcionante – considerei, frustrado.

– É natural. Procurando dar maior autenticidade a nossa comunicação, trabalhamos para sermos vistos fisicamente, mas, eles, deslumbrados com o que tinham conseguido ver, com o fenômeno, não se preocuparam com as palavras.

– Será por isso que eu não consigo um bom médium fotográfico na Terra que ilustre minhas reportagens?

– Talvez. Agora, há um recurso que jamais falha e que é melhor do que as fotografias.

– Qual é?

– A vida o utiliza sempre que for útil. Quando o espírito precisa de ajuda visual, ela dá um flash de determinado ângulo, fato, situação, e até de pessoa, na hora exata, da melhor maneira, que sacode a criatura e acende sempre novas luzes em seu íntimo.

Sorri descontraído.

– Tem razão.

— E para isso utiliza-se até dos desencarnados como nós. A única diferença é que ela tem uma grande qualidade que ainda nos falta.

— Qual é?

— O senso da oportunidade, apenas isso.

Vocês não acham que ele tem razão? Que psicólogo maior do que a vida para conduzir o homem a enxergar o que ele precisa ver?

Hoje, sinto-me feliz. A vida é imensa, bela iluminada. Vamos olhá-la através desse prisma?

Ouço o relógio do tempo dando horas. Sempre pensei que ele contasse só na Terra, onde os costumes, apesar de diversificados, obedecem-no inexoravelmente.

Acreditei que depois de morto finalmente eu o vencesse na corrida desigual, marcada não só pela movimentação do sol, mas pelo movimento de todas as coisas que andam sempre sem jamais parar ou voltar atrás.

Mas não foi assim. E, aqui estou eu, novamente, como nunca deixei de estar, na luta para vencê-lo. Mas, pensando bem, vencê-lo por quê? Que vaidade é essa que temos em querer comandá-lo, como se ele nos obedecesse? Vocês não acham que tenho razão?

Quantas vezes, quando estamos felizes, tentamos deter-lhe a marcha para que nossa alegria não se acabe? Quantas outras, quando a dor nos visita, em suas múltiplas formas, e os minutos se tornam horas, queremos que ele passe depressa?

Ilusão. Apenas ilusão: Ele, tanto quanto a vida, obedece indiferente e inalterado às determinantes das leis de Deus. Não é bom nem mau, e se esquecermos nossas mágoas passadas, olhando-o com realismo, chegaremos até a encará-lo como um amigo que sempre tem contribuído para nosso amadurecimento.

Duvidam? Pois eu acho que é assim. Já pensaram se um dia, por conta e obra do dono de tudo, do Pai Criador, o tempo parasse e tudo parasse com ele, permanecendo como está? Os iludidos, os maus, os justos, os injustos, as fantasias, os erros, a ignorância, tudo, parando, sem mudar nem seguir? Já imaginaram o caos que seria?

Há quem diga que o mundo já está no caos, e pode até ser verdade, se levarmos em conta apenas o que os homens estão fazendo dele. Porém, e sempre existe um porém, o mundo tem um governo espiritual através do qual Deus continua no leme. Se assim não fosse essa nave tumultuada há muito já teria naufragado. E esse governo usa o tempo, uma das sábias determinações de Deus, para ir ensinando aos homens, refiro-me a todos nós, espíritos desencarnados ou não.

Que diferença faz? Apenas estamos em dimensões diferentes, sem o corpo mais denso e pesado da carne, usufruindo por isso alguns recursos de percepção mais sutis. Porém, somos os mesmos. Os mesmos sonhos, os mesmos afetos, as mesmas lutas. Tudo.

É por isso que para mim todos somos homens, seres humanos. Quando estava na Terra, preocupava-me em vencer o tempo. Tinha tudo planejado e muita pressa em tudo quanto fazia. Contava levá-lo de vencida.

Quem já não sonhou, por exemplo, com o elixir da longa vida e da mocidade eterna? Quem já não imaginou, apesar da realidade ser outra, que seu momento de felicidade era para sempre?

Quando vim para cá, tão antes do que tinha imaginado, fiquei ressentido com ele. Afinal, tinha tantas coisas ainda por fazer. Tantos sonhos a realizar. Por que fora forçado a regressar tão cedo? Nessas horas, recordava-me dos amigos que tinham vivido mais de oitenta anos na Terra e esquecia-me dos jovens e até das crianças que vira partir antes de mim. Estava até um pouco revoltado. Quando compreendi os problemas passados, que tinham determinado minha partida, acalmei-me, porque tudo tinha acontecido da maneira certa, de acordo com as minhas necessidades. Mas meu ressentimento com o tempo permaneceu.

Acossado pela saudade, pensava. Por que ele passou tão depressa? Por quê? Porém, à medida que eu aceitava a nova vida e trabalhava procurando novos valores de progresso, fui aprendendo a enxergar o outro lado. A sabedoria da vida, a expressar-se no tempo. A partir daí, meditando, comecei a perceber a inutilidade de querer combatê-lo, comandá-lo.

Como todas as leis de Deus, ele é mais sábio do que nós. E comecei a pensar o que aconteceria se, em vez de temê-lo ou conduzi-lo, eu procurasse viver com ele. Nunca lhes ocorreu esse pensamento? A mim ele parece lógico. Já que ele é sempre sábio, conduzindo-nos ao progresso, com sabedoria, por que temê-lo? Por que recear as mudanças, se elas ocorrem justamente provocadas pela nossa necessidade de aprender? Por que recear a maturidade, a morte?

Tudo é estabelecido pela vida e pelo tempo. São leis das quais ninguém conseguirá fugir. Agora, posso confiar-lhes um segredo? Desde que descobri isso, tento valorizar todos os meus minutos, deixando para o passado apenas as lições e as coisas boas, e vivendo o presente sem medo do futuro.

Sabendo que o tempo é nosso aliado, mesmo sendo imparcial, quando ele ocasiona mudanças em minha vida, sempre me pergunto o que estará a vida querendo me ensinar. Como poderei viver melhor, dentro da nova situação?

E o melhor, ele sempre leva no referencial as leis divinas, para que eu possa evitar os malogros e os desvios tão dolorosos em que tantas vezes me envolvi. Afinal, se eu seguir por outros caminhos, no fim terei de voltar mesmo sobre meus passos e recomeçar. Então, por que temer? Por que não seguir procurando perceber o rumo a tomar?

E como o tempo continua andando, aprenderemos com menos sofrimento e iremos pouco a pouco aumentando nosso coeficiente de bons momentos de felicidade.

Estava tão absorto, meditando nesses assuntos, que não percebi que alguém se tinha aproximado do banco de jardim onde eu estava sentado. Surpreendi-me ouvindo uma voz de mulher indagar:

– Posso sentar-me aqui?

Olhei-a, admirado.

– Por certo – respondi mais por hábito do que conscientemente. Olhei-a. Era mulher madura, muito elegante, e seu aspecto revelava finura e educação.

– Perdoe-me. Estava distraído.

– Sou eu quem lhe pede perdão. Estava meditando e eu o interrompi. Porém, preciso conversar com alguém. Não agüento mais a solidão.

Interessado, perguntei:

– É nova em nossa cidade?

– Sou. Faz dois anos apenas que deixei a Terra. Sinto-me só.

– Não tem parentes aqui?

– Não. Meus pais estão reencarnados na Terra. Voltaram pouco antes de eu chegar. Meus avós estão em outro plano. Ainda não tenho licença para ir à Terra. Deixei lá uma família numerosa. Sou mãe de seis filhos, todos criados, e oito netos. Sinto-me muito só. Estava habituada a viver com eles. A cada filho que casava, dávamos uma casa junto à nossa. Por isso, nunca nos separamos.

Fiquei intrigado. Afinal, mesmo não tendo parentes em nossa cidade, poucos são os que se sentiam sós. Apesar da saudade que todos sentimos, há muita fraternidade e afeto, principalmente para os que não têm ali ninguém.

– A senhora não tem amigos?

Ela fez um gesto vago.

– As pessoas tratam-me com afeto. Mas não quero ser-lhes pesada. Afinal, não têm obrigação de aturar-me, nem de agüentar minhas saudades.

– Se a senhora os evita, é claro que respeitam a sua escolha.

– Não acha que faço bem?

– Não sei – respondi, sincero.

Ela prosseguiu:

– Afinal, de que adianta relacionar-me com eles se nem os conheço? Prefiro ficar só, em casa, recordando. Ah! Como eu fui feliz! Apesar de estar aqui fisicamente, meu pensamento está lá com os meus. Meu pobre marido, coitado, que não fazia nada sem mim, meus filhos, que jamais tomaram uma decisão sem consultar-me. Como estarão? Fico angustiada pensando. Eu sei que Deus faz tudo certo, sou pessoa de fé. Dediquei muitos anos de minha vida ao trabalho em favor do próximo. Sou espírita. Compreendo que devo aceitar esta mudança. Deus não erra; entretanto, como é dolorosa!

Suspirou comovida, e eu senti lágrimas virem-me aos olhos, lembrando-me dos que tinha deixado na Terra. Ela continuou:

– Desde que cheguei, não tenho conseguido trabalhar. As saudades não deixam. O que fazer?

Foi então que sugeri:

– Melhor esquecer o passado. Afinal, tudo é temporário. Se aceita que Deus não erra, deve saber que o melhor momento para nós é o hoje, o agora.

– Acha que eu posso? Como ignorar que eles, a esta hora, não têm quem os oriente na vida?

– Não disse que crê em Deus?

– Por certo que creio.

– Nunca lhe ocorreu por que a senhora foi chamada antes dos outros? – Vendo-lhe a admiração, continuei. – Nem meditou que, sem sua experiência, seus familiares vão aprender a resolver seus próprios problemas? Se confia em Deus, por que duvida que, assim como ele lhe ensinou, os ensinará também?

– Mas eles vão sofrer.

– Por que se preocupa com isso? Não é o sofrimento benéfico? Não amadurece as pessoas? Depois, acha que poderá evitá-lo?

– É isso que me dói. Eu não vou poder evitá-lo.

– Não acha que vive fora da realidade?

– Não compreendo...

– Compreende sim. Guarde o seu amor, que ele é força abençoada em seu coração. Mas deixe os seus entes queridos viverem a vida que escolheram. Não sou ninguém para aconselhar, mas sinto-me muito bem aqui, apesar dos entes que amo na Terra. Procuro fazer do tempo um aliado, aprendendo a ler em suas entrelinhas as lições da vida. E não tenho medo algum. Fiz muitos amigos. Trabalho com alegria e até já posso visitar os meus. Não acha que sou muito feliz?

Ela sorriu mais animada, e eu concluí:

– Por que não tenta fazer o mesmo?

Vocês não pensam como eu?

Relâmpagos de brilhantismo, idéias luminosas, chistes bem achados, rimas delicadas, prosa agradável, facetas do gênio, inspiração. Quem não as gostaria de ter?

Enquanto quebramos a cabeça em busca do tema, da musa, da mensagem, da arte, nada nos ocorre no turbilhão acolchetado das nossas idéias comuns, nos lugares-comuns, na ordem do cotidiano. Mas eis que, de repente, sopra uma brisa mais leve, e zás, encontramos tudo de uma vez, o tema, o texto, a linguagem, tudo. E aí, produzimos, temos inspiração.

Nesse momento, tudo nos fica claro, como se estivéssemos iluminados por uma centelha de gênio, e tocamos os corações com a força da nossa arte, transmitindo com o código certo, além do comum, coisas geniais. Nessa hora temos a inspiração do gênio.

Assim, muitos de nós, que já sentimos, nem que seja por breves segundos, essa fagulha genial, acreditamos ter em mãos a capacidade de criar. Somos artistas. Somos inspirados, compositores, pintores, escritores, poetas, músicos, atores, cantores, oradores, administradores, etc., etc.

Infelizmente, porém, a inspiração não é estável. Parece caprichosa. Aparece quando menos se espera e não há quem a comande; ela é livre como um pássaro.

Vai daí que a nossa genialidade, mesmo contra nossa vontade, torna-se sua dependente. E não faltam, por toda parte, "inspirados" autores gênios, ou líderes seja do que for, que sem ela, decepcionados e insatisfeitos, enquanto ela não aparece procuram disfarçar a própria incapacidade, pretextando cansaço, desequilíbrio e até tédio para não confessar abertamente que ela, a inspiração, os abandonou, sem dar-lhes a mínima satisfação, nem disse quando volta (se é que vai voltar!)

Apesar disso, sempre esperamos, porque, por mais que ela tarde, sempre há de vir, ela é imprevisível. Quando menos se espera, zás, eis que acontece e brilhamos de novo, criando, realizando.

Ultimamente tenho pensado muito nela. Vocês não acham uma injustiça? Por mais que alguém se esforce, não conseguirá nada por si mesmo, e sempre dependerá dela?

Afinal, quem é essa dama instável, inconstante? Que poderes ela tem para dominar os grandes da Terra e acenar para os pequenos que dela apenas recebem, esporadicamente, alguns "flashs" ocasionais?

Tenho pensado muito, e, afinal, observo que aqui, no mundo onde estou vivendo, apesar de ter aprendido muitas coisas, a inspiração continua a ser dama misteriosa, que aparece inesperadamente, acendendo luzes dentro de nós, abrindo-nos a visão para determinados ângulos mais profundos, e desaparecendo de repente, deixando-nos por largo tempo a viver em função desse minuto de revelação e de sabedoria.

Se pudéssemos, de alguma forma, segurá-la conosco durante algum tempo, já pensaram o que faríamos? Seja qual for nossa especialidade, tendo-a permanentemente, que beleza!

Eu por certo escreveria de tal forma que conseguiria mostrar aos leitores da Terra tudo quanto desejo. Teria a genialidade de escrever histórias onde cada um conseguiria enxergar-se e ajudar-se, libertando-se dos medos, dos fantasmas perigosos da ilusão. Encontrariam rapidamente o caminho da felicidade. Ah! Se eu pudesse! Encontraria palavras certas, onde cada um seria tocado no coração, aprendendo como conseguir a felicidade.

Estou sendo utópico? Pode ser. Mas esse é um sonho que eu tenho. Ver a humanidade feliz. Estou fora da realidade? Pode ser.

Mas, eu sei que é possível ser feliz. Eu sei que o homem já, hoje, agora, tem nas mãos a possibilidade de acabar com 80% dos seus sofrimentos, se aprendesse algumas coisas, não tão difíceis, que nós já sabemos aqui. Estou tentando dizer, mas quantos entenderão? Quantos experimentarão?

É por isso que eu queria que a inspiração, essa musa difícil e inconstante, me ajudasse. Procurei Jaime para saber o que deveria fazer para tentar encontrá-la. Argumentei:

— Deve haver um jeito para isso. É injusto pensar que ela não leva em conta nosso esforço, e é caprichosa.

Ele olhou-me sério, enquanto dizia:

— Se você se refere à inspiração divina, essa nunca foi caprichosa. Está à disposição de todos.

— Isso eu sei. Refiro-me à inspiração genial. Aquele "click" que nos dá uma visão certa, num segundo. Que anima os gênios, as artes, os grandes homens. Nunca vi ninguém controlá-la. Não a acha caprichosa?

— Não. Acho até que você está invertendo posições.

— Como assim?

— Na vida cada um tem sempre o que procura.

— Sei da lei de ação e reação. Entretanto, conheci autores, artistas, oradores, etc., que tinham momentos de inspiração magistral; alguns criavam nesses instantes sua obra-prima. Depois, a inspiração desaparecia e eles desgastavam-se inutilmente tentando obtê-la de novo. Ela dificilmente voltava. Eu mesmo gostaria de tê-la para ajudar-me a escrever meus artigos para a Terra. Contudo, ela não aparece com facilidade. Por quê?

Jaime alisou os cabelos, pensativo, e esclareceu:

— A inspiração pode chegar até nós de diversas formas. Muitas vezes ela se manifesta através da voz de um amigo espiritual que procura transmitir suas idéias.

— Mediunidade?

— Telepatia. É claro que para isso eles devem ter um motivo justo, que sempre é o de ajudar, fazer o bem. Não vamos falar dos objetivos negativos, dos irmãos ignorantes que também costumam inspirar os homens.

– Esses quase sempre são ouvidos.

– Infelizmente. Porém, não conseguem inspirar senão mediocridade. Mesmo conseguindo poder entre os homens, dominando os ambiciosos e os desonestos. Porém, acredito que você deseje além desses exemplos. Você gostaria de ter a sabedoria. A lucidez profunda da verdade maior, de uma parcela de percepção, além do plano onde estamos.

– Isso – concordei com entusiasmo. – Às vezes, sinto um pequeno toque dessa verdade. Um "flash" rápido e indescritível, porém dura tão pouco que acende o desejo de querer mais. Oferece tanta plenitude em tão pouco tempo que fico maravilhado. Durante anos esse segundo alimenta e trabalha dentro de mim. Gostaria de estar sempre assim para poder ajudar, ter lucidez, escrever para os homens, incentivar. A felicidade existe e é possível. Não acha uma maravilha?

Jaime colocou a mão no meu ombro, e em seus olhos havia um brilho intraduzível quando disse:

– Todos nós gostaríamos de tê-la para sempre. A inspiração que procura é a maior de todas. A única, a total e verdadeira.

– Como consegui-la? Compreendo que a inspiração de nossos maiores, ou da telepatia obedeça planos, idéias, objetivos, mas essa, a maior, a inspiração profunda e verdadeira, como consegui-la para sempre?

– Não há nada que nos impeça, teoricamente. Porém, ela tem um preço que todos precisamos pagar.

– Qual é? – perguntei, interessado.

– Amadurecimento. Conhecimento. Experiência. Essa inspiração é a vida, e a vida é obra de Deus. À medida que você vai conhecendo, vivendo suas experiências, ela vai levantando a ponta do véu que a cobre e mostrando um pouco mais.

– Mas mostra tão pouco, leva tanto tempo para aparecer...

– É que ela é muito grande e nós ainda tão pouco desenvolvidos que uma parcela maior nos enlouqueceria. Quem reencarnaria na Terra tendo sentido a vibração pura dos planos mais reais da vida? Quem suportaria a aprendizagem, dia a dia, desenvolvendo conceitos, renovando idéias, conhecendo que eles estão ultrapassados e obsoletos?

– Qualquer um havia de querer viver lá, da maneira que se vive na vida mais pura – considerei, pensativo. Jaime sorriu:

– Sem preparo adequado, sem estar à altura, além de perturbar os outros, não seríamos felizes. Temos de desenvolver nossos recursos; sem isso, é inútil.

– Quer dizer que os caprichosos, os instáveis, somos nós?

– Por certo – aduziu ele, rindo. – E ela, a vida, já faz muito dando-nos alguns "flashs" de sua grandeza. Mesmo assim, há quem perca a cabeça por causa disso.

Ele se foi, fiquei pensando, pensando. Será por isso que muitos ainda correm atrás da inspiração sem conseguir nada? Querem ser gênios, conseguir poder, pavonear-se com esses conhecimentos e, naturalmente, tornar-se um poço de vaidade! Não resta dúvida de que isso é verdade. Eu, porém, não queria ser vaidoso, embora escrever para vocês, ver meu nome lembrado, sempre me emociona. Afinal, o que eu queria mesmo é estreitar os laços que nos une.

Vou contar-lhes um segredo: agora que eu sei o que é a verdadeira inspiração, e como ela atua, vou fazer o possível para conquistá-la. Acham que estou sendo pretensioso?

Pode ser. Mas, já que ela não é caprichosa, e que à medida em que eu tenha condições ela se irá revelando, ou melhor, eu irei conseguindo ligar-me a ela, não acham que vale a pena tentar?

Um dia, ainda poderei, inspirado e seguro, escrever, criar, produzir, sob o apoio da vida, histórias que toquem o coração humano, que o elevem a Deus, que o façam enxergar e o tornem feliz.

Acham que estou sendo otimista?

Estou. Mas, tenho a certeza de que conseguirei. Não temos toda a eternidade pela frente?

O APÊNDICE

Todos nós vamos aprendendo a viver, e caminhando para a frente, não raro, ao sabor de novas experiências, vamos modificando nossa maneira de pensar, de ser.

Ficamos mais experientes, mais conscientes, mais vividos. E, dessa forma, apreciando nossos atos passados, criticamos atitudes mais ingênuas, atos inseguros, momentos de indecisão.

Quem já não usou, num suspiro fundo e sincero, a frase: "Ah! seu eu pudesse voltar à minha juventude com a experiência que tenho hoje!".

O que ninguém se lembra por certo, é que isso sempre tem acontecido, e ninguém se dá conta. Isto é, nós temos sempre voltado à vida na Terra com a experiência toda sintetizada em nosso arquivo mental, que está no corpo espiritual, e não nos damos por isso.

E olhem que esse arquivo é utilizado em todos os momentos de nossa vida terrena. Sempre que optamos por um caminho, que escolhemos alguma coisa, recorremos a ele. Há até quem faça isso conscientemente, pedindo informações ao que chama seu subconsciente, e adormecendo para acordar com uma solução. Como se seu subconsciente fosse um semideus, a saber tudo, a oferecer todas as respostas. Não é fascinante?

É como se nós tivéssemos a personalidade dividida; acordados somos simples mortais, mas quando mergulhamos no nosso subconsciente, somos gênios, sabemos tudo, todos os segredos da vida.

Um pouco como aquele velho filme, "O médico e o monstro", onde o protagonista tinha duas personalidades, com a diferença que ele, ao contrário de nós, se transformava no pior. Nós nos transformamos no maior, no ser superior, no semideus. Acham que estou fantasiando?

Pode ser. Mas quem de nós já conseguiu conscientemente saber o que existe no nosso subconsciente? Complicado, não é?

Um assistente amigo, a quem confiei minhas dúvidas, esclareceu-me, tranqüilo:

— Há dois lados que já podemos conhecer sobre o subconsciente ou o inconsciente. O primeiro é para nós o campo a que temos acesso, e gradativamente vamos nos recordando dele na medida do necessário, da utilidade que isso nos possa trazer. Trata-se do arquivo das nossas vidas passadas. Das experiências que vivemos e que estão todas ali, guardadas, bem ordenadas, e onde sempre vamos buscar diretrizes e orientação para nossas escolhas na vida.

— Quer dizer que esse arquivo influencia nossos atos de agora?

— Certamente. As experiências marcaram nossa vida. Só ficam em nós guardados os fatos vividos.

— Quer dizer que nossas reações sempre se prendem a nossas vidas passadas?

— Nunca ouviu dizer que gato escaldado tem medo da água fria?

— Nesse caso, seremos como robôs condicionados pelos fatos que vivemos?

Jaime sorriu percebendo-me a malícia.

— Seria assim, não fosse a nossa curiosidade contumaz. O desejo de fazer coisa diferente, o fato de inovar.

Nisso eu concordo, Afinal, o que seria de nós sem a novidade, sem o original, sem o diferente? Já pensaram como seria enfadonho viver em um mundo onde tudo fosse reflexo condicionado e ninguém pudesse experimentar coisas novas?

— É isso – continuou Jaime, bem-humorado. – A curiosidade, o desejo do desconhecido, a própria fantasia, sempre mal-sucedida, impele-nos a criar novos caminhos, independentemente das experiências passadas.

Fiquei pensando, pensando e considerei:

– A vida tem estimulado essa curiosidade de mil maneiras, não acha?

– Claro. Não se esqueça que o progresso é meta que ela objetiva. Assim sendo, precisa estimular-nos a curiosidade e o desejo de conhecer coisas novas.

– Quer dizer então que tudo isso funciona junto? A vida estimula, motiva nossos anseios de progresso, atiça nossa curiosidade. E nós vamos avançando, prudentes, pelos reflexos de experiências passadas, ou aguçados ainda por elas, entre o desejo de progredir e o medo de arriscar, de sofrer, de errar!

– Esse é só um lado do subconsciente. Há o outro.

– Você mencionou dois, é verdade.

– O outro é exatamente aquele que não conhecemos.

– Como assim? – perguntei, decepcionado.

– São potencialidades que ainda vão desabrochar. Hoje já podemos imaginar que elas existem. Já que estamos em desenvolvimento e que um dia seremos espíritos puros, por certo elas já estão em nós.

Senti-me emocionado.

– Acredita nisso?

– Claro. Ninguém pode desenvolver o que não tem. Se fomos criados para evoluir até a perfeição, temos em nós todas as condições para isso.

Eu estava empolgado. Ele prosseguiu:

– Somos como o arbusto tenro que um dia se transformará em frondosa e produtiva árvore. Como ela, guardamos recursos de desenvolvimento, que o tempo se encarregará de fazer despontar no momento certo. Com a diferença que nós podemos participar ativamente do processo, escolhendo e orientando nosso crescimento.

– Você acredita que essas reservas estejam na parte desconhecida do nosso inconsciente?

– Acredito. É uma suposição a que muitos dos nossos estudiosos chegaram. Devemos ter essas energias armazenadas em algum lugar. Como desenvolvê-las sem tê-las?

– É – concordei, maravilhado. – Quer dizer que temos dentro de nós essa capacidade, essa força de ser perfeitos?

– É claro que o nosso processo ainda se encontra longe do seu desenvolvimento máximo. Mas, em princípio, só pode ser assim. Guardamos dentro de nós todas as capacidades, todos os conhecimentos, todas as conquistas eternas do espírito.

– Seria mais ou menos como uma programação divina. Assim como o corpo humano guarda em seu desenvolvimento físico na Terra, em sua origem biológica, as fases evolutivas que passou em todos os reinos da natureza?

– Mais ou menos. Porém, se a programação fetal é um ato compulsório da vida, do qual ele como ser pouco participa, o nosso caso encontra lugar para a livre escolha, a compreensão e o respeito à dignidade, à liberdade de cada um.

Senti-me valorizado. Que bom se o homem aprendesse com Deus esse respeito pelo outro, pelo direito que cada um tem de escolher o próprio caminho, desde que não atrapalhe o direito do outro.

Saí dali feliz e bem-humorado. Quem diria que nós, no fundo, no fundo, somos mesmo gênios, sábios e perfeitos?

Pena que existe sempre o relativismo da nossa condição ainda natural. Como eu gostaria de já ter percorrido todo o caminho que ainda me falta e poder ter aquela sabedoria que me permitiria ser tão maravilhoso quanto eu gostaria.

Mas é reconfortante saber que está tudo aqui dentro do meu subconsciente e que só falta eu conseguir, aos poucos, botar tudo isso em ação.

Nessas horas fico imaginando como seria puro, perfeito, humilde e bom. Que beleza! Desceria para ajudar a Terra sofredora e seria um grande foco de luz. Já pensaram a confusão que isso provocaria?

Se meus amigos, conhecidos, pudessem ver-me e deslumbrar-se com meu radioso aspecto! Não se falaria noutra coisa por muitos dias. Recordariam minha figura, reivindicariam minha participação, teriam orgulho de terem gozado de minha companhia quando eu estava na Terra, e até, se fosse possível, arranjariam uma máquina com lentes especiais para fotografar-me. Apareceria com grande alarde na televisão. O homem-luz! O espírito perfeito. Seria o sucesso! Arrebataria todos os pontos do Ibope.

Foi aí que, de repente, lembrei-me de uma história simples que minha ama costumava contar:

"Era uma vez um macaco tão inteligente, tão sabido, tão vivo, que fazia tudo igualzinho ao homem. Foi tão aplaudido, tão estimulado, tão lisonjeado, que um dia pensou: vsou ser um homem. Vestiu-se com roupas da época e preparou-se para arranjar um emprego. Queria ser independente. Olhando-se no espelho, porém, reconheceu que havia uma diferença incômoda. O rabo. O rabo que aparecia desagradavelmente por baixo de uma das pernas da calça. Mas não era por um simples apêndice caudal que o inteligente animal se daria por vencido. Usou a criatividade dos tempos de floresta e arranjou um jeito de amarrar bem amarrado seu rabo ao redor do corpo. Feito isso, vestiu-se e suspirou satisfeito. Estava pronto. Tinha virado homem. Saiu à rua, orgulhoso e bem-posto, sem importar-se com os olhares das pessoas que, admiradas, voltavam-se para vê-lo. Estava indo bem, pensava ele. E, satisfeito, procurava imitar os gestos e atitudes dos homens que encontrava. Até que, numa esquina, viu um homem beijando a face de uma mulher em despedida. Não teve dúvidas; juntou uma senhora que passava e, esticando seus grossos beiços escuros, beijou-a na face. A mulher, assustada, gritou apavorada, e o povo acudiu aos gritos de "agarre o macaco!". E a perseguição começou. O corre-corre, polícia, e quando ele se viu acuado, não teve dúvidas: arrancou as calças, soltou o rabo e com ele conseguiu safar-se, subindo em muros, galgando quintais, voltando para casa humilde e assustado, como um macaco arrependido".

Compreendi. Afinal quem poderia acreditar que um espírito perfeito, puro, ainda fosse tão vaidoso? Nem eu mesmo.

Por mais vontade que eu tivesse de ser bom, grande, perfeito, o que fazer do incômodo apêndice da vaidade e dos múltiplos problemas que luto por resolver e que me distanciam da perfeição?

Acham que fiquei triste? Pois se enganam. Querer aparentar o que não é só acarreta dissabores e nos conduz a apuros desnecessários.

Afinal, conforta-me saber que, embora ainda eu não seja perfeito, ainda não tenha desenvolvido completamente minha força superior, ela já está lá. É uma dádiva de Deus. Eu posso trabalhar para ajudar seu desenvolvimento. Não dá uma sensação de segurança? De certeza? Não é estimulante essa confiança?

Vocês com certeza pensam como eu.

Vocês por certo já ouviram falar em arquétipos. Há até pelo mundo quem se dedique com muita perseverança ao seu estudo, procurando encontrar nessas figuras fundamentos e explicações para tantos desacertos do comportamento humano.

Até certo ponto eu sempre fiquei intrigado com eles. Essa teoria muitas vezes pareceu-me fundamentada em argumentos sérios e com base na nossa maneira de ser. Mas daí a responsabilizá-los pelas nossas preferências, ou qualidades atuais, vai grande distância.

Quando cheguei aqui e vi-me obrigado a reformular muitos conceitos estudados no mundo, lembrei-me dessa teoria. Se ela fosse verdadeira, eu não poderia escolher os meus arquétipos e reencarnar dentro dessa estrutura?

Seria muito interessante, porque assim eu poderia, nessa escolha, contrapesar minhas preferências, meu lado negativo, reforçando as qualidades pela influência de arquétipos equilibrados e perfeitos.

Seria assim como um modelo, básico, muito bem estruturado, onde eu pudesse compor minha personalidade na nova encarnação, fortalecendo minhas virtudes (é claro), para que minhas falhas não me dessem muito trabalho.

Que beleza! Poder realçar o que tenho de bom e ter condições de realizar tudo quanto venho desejando há longo tempo! Já pensaram como seria ideal?

Porém, pelo que percebi, isso não é coisa fácil. Sempre que quero ter acesso a esse assunto tenho encontrado barreiras. Até parece que é segredo indevassável.

Alguns dizem que nem sabem o que seja isso. Outros, que essa teoria é ultrapassada, e outros ainda que quando eu estiver maduro a verdade aparecerá.

Isso deu voltas a minha cabeça. Se depende de minha maturidade, significa que ainda não consigo enxergar, que ainda não vejo as coisas que estão diante de mim.

Reconheço que é difícil admitir que somos limitados. Em teoria, admito até que sabemos disso muito bem. É claro que ainda não posso conhecer tudo e que ainda necessito caminhar muito na senda da evolução, mas quando percebo esse limite, alguém me diz que estou incapacitado para perceber, choco-me profundamente.

Apesar de tudo, no fundo, bem no fundo, parece-me que sou capaz de entender tudo, de saber tudo e de compreender tudo. Será autoconfiança, orgulho ou certeza das nossas possibilidades de um dia nos tornarmos perfeitos?

Não sei. Só sei que sinto isso, e às vezes é frustrante não ter capacidade para se ser melhor e mais lúcido do que se é.

É por isso que sempre sou aconselhado a não me apressar. A não meter os pés pelas mãos, na ânsia de penetrar tudo, saber tudo, ver tudo. Mas, quando desejo estudar alguma coisa, vou até o fundo.

Apesar das respostas evasivas, não desisti. Na verdade, se Deus, para criar o homem estabeleceu um arquétipo, por certo este teria de ser perfeito. Ninguém pode imaginar Deus fazendo algo imperfeito. Assim sendo, se pudéssemos seguir esse modelo máximo, com certeza chegaríamos mais depressa à perfeição. Não perderíamos tanto tempo em divagações e fantasias.

E, se, como dizem os mais esclarecidos, só conseguirei vê-lo quando estiver maduro, por certo, é claro que ele já se encontra dentro de nós, a ditar normas, a nos esclarecer sobre o nosso futuro.

Pena que só chegamos a vê-lo quando amadurecemos, porque senão, já pensaram como poderíamos apressar nosso caminho? Era só fazer o que ele propusesse.

Discutindo o assunto com um amigo, propus essa teoria. Um processo a fim de localizar esse arquétipo divino que deve estar em nós, para segui-lo. Não seria ideal? Meu amigo, porém, coçou a cabeça, admirado:

— Não concordo com isso. Se fosse para procedermos assim, obedecendo apenas a uma forma, a um modelo preestabelecido, por certo Deus permitiria que o tivéssemos bem consciente, sempre à frente, para copiarmos. Nesse caso, seríamos apenas cópias inexpressivas de um boneco. Se fosse para isso, melhor seria Deus já ter-nos criado prontos, sem necessidade de evolução, sem lutas, sem escolhas, sem discernimento.

— Então acha que não existe um arquétipo? Que Deus não estabeleceu modelo?

— Acho. Deus não gosta de monotonia. Já reparou como ele é versátil? Tantas pessoas e nenhuma é igual à outra? Tantos mundos, tantas e tantas diferenciações em todas as coisas. Até sua aparência física... se reparar bem, um lado do corpo não é exatamente igual ao outro. Há sempre alguma diferença.

— Nisso eu concordo – respondi, bem-disposto. – A vida é rica em todos os aspectos. Um minuto não é igual ao outro.

— É isso. Acha que Deus faria um modelo para o homem?

— Bem, eu pensei, talvez uma base para estabelecer a espécie.

— Claro. O homem, com dois olhos, um nariz, uma boca, dois braços, etc., etc. Esse é o modelo básico. Assim mesmo, para ele ser estabelecido, levou séculos de experimentações na evolução anímica. Isso falando da forma apenas.

Fiquei parado, pensando. Não é que ele tem razão? A história dos arquétipos será uma criação do homem tertando explicar determinados fatos?

Pode ser. Durante alguns dias pensei, repensei, sem encontrar maiores esclarecimentos.

Certa tarde, conversando com uma amiga devotada aos misteres da reencarnação, ela confidenciou-me com certa apreensão:

– Estou preocupada por causa do Ernestinho.

D. Dorotéa era pessoa equilibrada e muito esforçada. Trabalhava com dedicação na orientação e preparação das pessoas da nossa cidade que iam reencarnar, acompanhando-as até que a ligação fetal, se tivesse se consumado.

Considerava a vida na Terra preciosa chance de reajuste e crescimento espiritual. Por isso especializara-se nesse mister, conhecedora dos problemas naturais que sempre antecedem uma nova encarnação.

O temor, a insegurança, os problemas que possam impedir a efetuação da encarnação, as incompatibilidades espirituais ou congênitas, etc. Tanta era sua dedicação em mais de trinta anos de trabalho abnegado nessa área que muitos a procuravam pedindo-lhe os préstimos e a interferência em suas necessidades de regressar à Terra.

Por isso, vendo-a falar assim, perguntei, solícito:

– O que aconteceu?

– Veio procurar-me. Encontra-se em vias de nova encarnação. Mas seu estado não é muito bom. Intercedi por ele, para que pudesse adiar, esperando mais algum tempo. Não consegui nada. Nossos maiores acham que se ele ficar será pior. É como se fosse uma escolha, onde se procurasse dos males o menor.

– A reencarnação não é sempre um bem? – indaguei, admirado.

– Claro – respondeu ela –, sempre será um bem, ainda que ele faça tudo errado e agrave seus débitos.

– Como assim?

– Se ele errar, se agravar seus débitos, é porque ainda não sabe ser diferente. A reação por certo o alcançará violentamente na mesma proporção, mas, é justamente essa a sua necessidade para começar o reajuste em bases mais firmes.

— Então, não há com o que se preocupar — objetei, mais para confortá-la.

— É — respondeu num suspiro. Tudo o que Deus determina está certo. O remédio pode ser amargo, mas sempre trará a cura. Contudo...

— Contudo...

— Se ele pudesse esperar mais um pouco...

— Por que acha isso?

— Acompanho o caso dele há muitos anos. Tenho por ele particular afeto. Já fomos ligados pelos laços de família. O Ernestinho, no século passado, reencarnou em uma família de ricos fidalgos, na Espanha. Desde jovem, bonito e rico, deu vazão a sua vaidade, encontrando prazer em mandar e em ser poderoso. Ingressou nas lides do governo, e na Corte usufruiu da amizade do primeiro-ministro, onde conseguiu aumentar seu prestígio, seus haveres, seu poder. Esse ministro, homem culto e carismático, exerceu sobre Ernestinho o fascínio de um Deus. Espírito fraco e adulado, invejava a segurança, a força, o traquejo do ministro, junto ao qual se postava, sempre pronto a obedecer e a seguir suas determinações. Para Ernestinho, só existia esse homem. Era a única pessoa que ele atendia. Era o seu Deus, seu modelo, seu guia. Infelizmente para ele, esse homem era ambicioso e déspota. Manipulou o poder, não hesitando, para isso, em recorrer ao crime e ao suborno Nesses atos, Ernestinho esteve sempre à frente, certo de que estava prestando grandes serviços ao seu país. Desencarnou violentamente, em sangrenta revolução, onde também esse ministro pereceu. Continuou a segui-lo, mesmo depois da morte, dementado e iludido, certo de que estava defendendo sua pátria e o direito. Está claro que esse ex-ministro pretendeu continuar exercendo seu poder contra os encarnados responsáveis pela queda do seu governo. Formaram triste exército de obscuros propósitos. Fizemos tudo que nos foi possível para esclarecer Ernestinho, tirá-lo de lá. Cansado de sofrer, muitas vezes, ele, escondido dos seus companheiros, chorava, cansado desse mar de revolta e ódios em que se metera.

— Não conseguiram afastá-lo? — perguntei, emocionado.

— Sim. Algumas vezes fomos ao seu encontro, e com a sustentação da prece conseguimos recolhê-lo a um posto de socorro. Ele chorava, reconhecendo-me, abraçava-me pedindo paz e ajuda. Recebia energia curadora e melhorava seu estado, porém, quando se sentia melhor, a velha atração voltava. A figura do ministro pedindo-lhe ajuda, e ele, sem resistir, acabava fugindo, largando tudo para seguir novamente esse companheiro infeliz.

— É triste — considerei, sério.

— É. Agora ele está recolhido no posto nove, depois de violenta crise de depressão. Estava arrasado. Porém, nossos maiores acreditam que ele não deve melhorar tão depressa. De certa forma, Ernestinho se sente confortado ao pensar que não vai lutar pela causa porque está doente.

— Ele ainda não compreendeu seu engano?

— Não. Estudando o caso, nossos instrutores são de opinião que precisamos aproveitar essa fase para induzi-lo a nova encarnação. Mergulhado no esquecimento, poderá libertar-se um pouco mais da perniciosa influência.

— E esse ex-ministro, não vai reencarnar também?

— Não pode. Ainda necessita certas aquisições que lhe permitam descer à Terra. Ainda não tem permissão. Só pensa em vingança.

— Está com medo que a influência continue apesar de separados?

— Vamos fazer o possível para evitar, mas acredito que possa acontecer.

– Seria uma pena...

– Eu sei. Vamos ocultar bem o Ernestinho. Não renascerá na Espanha.

– Então, do que tem medo?

– Do próprio Ernestinho. Ele conserva muito gravada na mente a figura do ministro. Vai pensar nele, apesar de reencarnado, vai ter sua figura na mente e, por certo, como ainda não se libertou desse fascínio, vai continuar fantasiando, pensando nele, e eu temo que acabe atraindo de novo sua presença. Se dispuséssemos de mais tempo, até que Ernestinho tirasse esse homem da cabeça, ou pudesse enxergar seus erros, tirá-lo do pedestal de herói em que o colocou, seria mais fácil sua encarnação.

– Não pediu aos instrutores?

– Pedi. Mas eles acreditam que, se Ernestinho não reencarnar logo, voltará para o companheiro, e a solução será mais demorada. Estão procurando afastar todos os companheiros do ex-ministro para que ele também se sinta só e acorde para a verdade.

– Se eles disseram isso, têm razão. Eles conhecem sempre mais do que nós.

– É verdade – concordou ela, num suspiro. – Mas, se ele estivesse melhor, aproveitaria mais. Peço ao amigo que nos ajude com suas preces. Lembre-se do Ernestinho. Ele vai precisar.

– Irei visitá-lo de vez em quando para orar e para inspirar-lhe bons pensamentos.

Ela agradeceu, o rosto delicado, sereno, onde duas lágrimas silenciosas aumentavam-lhe o brilho do olhar.

Foi aí que compreendi. Que seriam os arquétipos senão uma criação nossa? Que seriam as influências boas ou más senão escolhas que incorporamos ao nosso modo de ser?

Pensando bem, por que esse gosto de seguir sempre um modelo, de fazer o que os outros disseram? Para melhor informação nossa, antes de seguir qualquer modelo não seria mais lógico e melhor tentar discernir? Qual o critério?

Por certo que o mais perfeito é o mais justo, das leis que jamais mudam porque nasceram perfeitas. Nisso reside sua segurança. São as leis de Deus. Jesus é o modelo.

Bom, se vocês acham mesmo que não podemos viver sem nenhum, é melhor escolher certo. Não acham que tenho razão?

A DESTRUIÇÃO

C. PORTINARI

Em meio ao progresso do mundo atual, onde as necessidades básicas se tornaram mais amplas, fico pensando se dentro dessa maratona em que ficou transformada a vida no mundo ainda há lugar para a apreciação das coisas essenciais, onde o contra-senso não compareça à guisa de colheita indesejada, porém útil.

Aliás, nos dias que correm, difícil se torna delimitar o necessário, o essencial, o básico, no torvelinho do progresso, onde o conforto e a utilidade nos acenam com recursos novos e fascinantes.

A máquina a serviço do homem, ou o homem a serviço da máquina. Eis o que não posso separar. Quem serve a quem nessa trajetória em que se transformou a vida no mundo? Difícil responder.

Se, por um lado, temos as utilidades, os aparelhos, os recursos que facilitam a vida, ajudando o homem, liberando-o de tarefas mais rudes, por outro temos o custo dessas utilidades, a luta para possuí-las, que não recua nem diante dos prejuízos que causam ao meio ambiente natural, destruindo as defesas que a natureza sabiamente elaborou em séculos de trabalho de organização paciente e perseverante.

Em seu requinte, o homem moderno, dono de conhecimentos novos, no campo da Física, da energia, da Química, da Biologia, não recua diante de obstáculo algum e manipula tudo isso, sem receio ou bom-senso e, ao fim dessas incursões científicas, atira, indiferente, os resíduos letais nos rios, na terra, nos lugares ermos, nos oceanos, sem pensar que a Terra é um todo onde todos os corpos se influenciam e se relacionam, e por isso mesmo, toda atuação desastrosa é reabsorvida pela própria terra, que procura defender-se como pode, devolvendo ao homem o resultado de sua atuação, já que não lhe resta outro recurso.

Ultimamente, tenho questionado se vale a pena o progresso tecnológico a esse preço. Alardear conhecimento, novas descobertas, recursos assombrosos de controle das forças que circulam ao seu redor e depois, como a criança estouvada e simplória, com esse brinquedo colocar em risco a própria vida. Não é um absurdo? Estou sendo drástico?

Estou. Alguns dirão que exagero, mas se vocês vissem do mesmo ângulo que eu, se pudessem conhecer a luta dos espíritos dedicados ao trabalho de preservação natural da vida na Terra, concordariam comigo.

Alguns dirão, como a dividir responsabilidade:

– Se Deus permitiu ao homem conhecer certas leis, é porque ele já pode utilizá-las bem.

Concordo. E acho até que eles poderiam fazer isso. Só que como existe o livre arbítrio, eles optam ambiciosamente pelo avanço nos benefícios, sem nenhuma preocupação em preservar os bens que já possuem.

Há até os que, cientes desses perigos, protestam e tentam impedi-los, concitando-os à prudência e ao respeito à mãe natureza. Quem os ouve? Entre os lauréis da fama e a ambição do poder e do dinheiro, quem se preocupa com o futuro?

Cada geração que cuide de si, e trate de resolver seus próprios problemas quando aparecerem. O que interessa agora são os resultados imediatos, a movimentação dos recursos, sem preocupações ou cuidados.

Confesso que fiquei preocupado. Na verdade, nós, que amamos a Terra, que temos nossos entes queridos vivendo nela, que um dia a ela voltaremos renascendo em seu seio, vivenciando seus problemas, nos preocupamos com a agressão sistemática de suas defesas naturais, que possibilitam a vida.

Como eu gostaria que os homens compreendessem e pudessem acordar para a realidade.

Esta preocupação conseguiu entristecer-me, porquanto de que adiantaria o esforço dos interessados em fazer o melhor, se os homens sistematicamente lhes anulam os esforços?

Tanto despreparo, tanta ambição! Não seria bom mobilizar uma providência mais enérgica dos espíritos sábios, dos planos superiores, coibindo tais abusos.

Afinal, o livre arbítrio por certo tem um limite, e certos homens, no meu entender, transpuseram tais limites. Não que eu esteja criticando, mas, pensando bem, não seria chegada a hora do "basta", com uma reação que os ensinasse a respeitar o sagrado trabalho da natureza?

Vendo-me inconformado, preocupado, meu amigo Jaime considerou:

— Você precisa conhecer o Antero. Acredito que ele, estudioso desses assuntos, possa dar-lhe algumas idéias.

O Antero não era bem a figura que eu tinha imaginado. Moreno, atarracado, meia-idade, cearense de sorriso largo e olhos vivos. Conversa fácil e interessante, ganhou de pronto minha simpatia.

Informado de minhas dolorosas preocupações, suspirou fundo ao dizer:

— Também como você preocupei-me com tais problemas. Mass nossa preocupação, embora justa, não resolve o assunto.

— É verdade — respondi um pouco acanhado, reconhecendo que nada fizera para ajudar.

Ele sorriu, gentil:

— Sei que pretende fazer, e como cada um ajuda com os recursos de que dispõe, o seu por certo será contar aos homens fatos que os convidem a pensar e a compreender.

Sorri, aliviado.

— Tenho essa intenção.

– Então ouça, talvez lhe seja útil. Tudo começou quando, levado pela ambição, embarquei para o Brasil numa expedição colonizadora. Era jovem, e naquela época, Amsterdã não oferecia muitas oportunidades de enriquecer. Fascinado, ouvira falar das riquezas do novo continente, onde as minas de ouro e pedras preciosas abundavam, e segui com eles. A dureza da luta, a aridez da terra e o desejo de poder e riqueza inundaram-me o espírito. Uma vez em Recife, desliguei-me da expedição e juntei-me a um grupo de aventureiros portugueses. Inútil recordar minha vida daqueles tempos. Consegui apossar-me de terras, onde depressa compreendi que não havia minério e que o melhor seria explorá-las para acumular bens. Instruído e vindo de um país mais evoluído socialmente, logo liderei o grupo e coloquei todos a meu serviço, explorando-lhes o trabalho, em meu próprio favor. Foi nessa época que estabeleci laços de ligação com espíritos que até hoje ainda não consegui dissolver. O crime, a ambição e o gosto do poder estavam dentro de mim, e bebi esse prazer até o fim. Reencarnei no norte do Brasil três vezes consecutivas, e ao final tornei-me um coronel respeitado e acatado, temido pelos inimigos e endeusado pelos amigos. Meu canavial perdia-se de vista e o braço escravo contribuía para locupletar meus celeiros e enriquecer-me a casa. Só pensava em amealhar, em colher, em lucrar. As terras eram vastas, e eu não me preocupava em refazê-las. Explorava-as; quando não produziam mais, simplesmente abandonava-as, derrubando novas matas para abrir novas terras, mais rentáveis. Assim, fui deixando no Ceará larga faixa de destruição atrás de mim. Meus homens, brancos ou escravos, eram subnutridos e miseráveis, reduzidos à escravidão, uns pela cor outros pela necessidade. Eu seguia sempre sem importar-me com o futuro. Desencarnei entre o choro inconsolável dos inúmeros afilhados, deixando órfãos os políticos e todos os apadrinhados. Dura sorte me esperava nesse regresso. Pela primeira vez consegui perceber o abismo em que me atirara. Vaguei sem rumo, acossado pelas almas das minhas vítimas, escravos que tinham morrido devido a minha indiferença e crueldade. Muito tempo estive assim qual duende enlouquecido. Por onde quer que fosse só via devastação, seca. Sofria sede, fome, mas não encontrava sequer uma fruta para comer ou um pouco de água para matar a sede. Arrependi-me e compreendi. Claro que fui socorrido, auxiliado. Fui sincero. Desejei melhorar, comecei a aprender ajudado por amigos, fui levado a estudar e percebi todo o dano que tinha causado ao país que me tinha generosamente abrigado. Descobri as verdadeiras razões que determinaram minha ida ao Brasil. Eu dispunha de conhecimentos e experiências que poderiam ajudar a desenvolver esse novo continente e tinha voluntariamente concordado em fazer isso, para resgatar erros passados, quando fora aventureiro e pirata, cometendo arbitrariedades que prejudicaram outros povos. Mas a ambição mais uma vez me fez cair e consegui novos encargos diante da lei.

— Felizmente você percebeu — retruquei, aliviado.

Ele prosseguiu:

— Graças a Deus. Mas, você sabe, entre saber e ser vai grande distância. Estabeleci, junto com nossos maiores, um plano para recuperar-me, bem como ajudar na recuperação dos danos que causei à mãe Terra.

— Como assim? — indaguei, admirado.

— Claro, como conseguir equilíbrio tendo sempre diante dos olhos as terras secas e devastadas; a luta dos meus conterrâneos na terra seca; a morte das crianças, do gado, dos animais? O êxodo e o sofrimento do povo, marginalizado, mendigando na cidade grande, perdendo seus valores culturais sem aculturar-se aos novos padrões que lhes são impostos? Como conciliar tudo isso?

— Considera-se responsável por tudo isso? — indaguei, assustado.

– Sim. Claro que outros dividiram comigo essa responsabilidade. Os madeireiros, que também devastaram tudo sem nada repor, os corruptos que instigaram o vício (a aguardente), negando a instrução, o acesso aos bens existentes. Claro que, nesse caso, muitos respondem perante as leis, mas eu sinto minha parcela de culpa, e não posso estar em paz até que reponha tudo quanto destruí. Enquanto não fizer retornar a essas terras que devastei o verde e o bem que depredei.

– Puxa – retruquei, entusiasmado –, quem dera todos pensassem assim!! No futuro, tudo seria resolvido.

Antero sorriu quando respondeu:

– Pode crer que um dia todos compreenderão. Mas, para que isso ocorra, há que se viver o problema. Essa foi a primeira parte do meu plano. Voltei a nascer na terra que há tantos anos levara à exaustão e a ruína. Como lavrador paupérrimo, tentei tirar da terra seca e endurecida o sustento da minha família e sofri todos os tormentos de uma vida miserável, sem reclamar. Assim aumentei minha compreensão, depois de alguns anos de preparação aqui, onde fiz estudos aperfeiçoados de Geologia. Voltei novamente à Terra no mesmo local, como filho de família modesta, e consegui pôr em prática algumas idéias, possibilitando uma melhoria do solo e levando alguns benefícios à região. Regressei e ainda uma vez voltei à Terra, sempre no mesmo local, e consegui cursar uma escola de Agronomia, onde desenvolvi estudos sérios de Ecologia e recuperação do solo, drenagem, irrigação, etc. Ingressei na política, com seriedade e boa vontade. E consegui implantar alguns melhoramentos. É difícil, você sabe. A força contrária é muito grande. Enfrentar a ambição do homem é duro e leva tempo.

– E agora? – indaguei, respeitoso.

– Agora completo meus estudos e dentro de pouco tempo deverei reencarnar na mesma cidade. E, desta vez, levo programa extenso. Acredito que, se me esforçar, poderei finalmente recuperar aquelas terras e amparar muitas criaturas.

– Qual será seu campo específico de ação?

– Considerando tudo quanto pretendo realizar e as possibilidades que tenho no campo da liderança, deverei ser político, e por certo chegarei a governar meu Estado.

Senti um calafrio.

– Não tem medo? – indaguei.

– Tenho. Muito. Mas por outro lado, tenho muita chance de acertar. Você não acha?

– Acho – respondi com entusiasmo.

Vocês não acham que a vida é bela e sabe defender-se? Meus receios desvaneceram-se. Um dia, toda a devastação, a poluição, a destruição, vão acabar. Todos aqueles que a estão ocasionando, se reunirão para recolocar tudo no seu lugar.

Que alívio! Porém, apesar de tudo, eu continuo achando que seria bem melhor acordar desde agora e começar a compreender e a trabalhar.

Vocês não pensam como eu?

O CHEFÃO

Navegamos em um mundo e sabemos pouco sobre ele. Isto os atemoriza? Não é para menos! Suspensos no espaço sobre uma bola imensa que ninguém sabe como começou, nem quem teve a idéia de colocá-la ali, é de supor-se que muitos estejam mesmo amedrontados.

Antigamente, poucos podiam conhecê-la, dar uma volta em seu redor. Claro, ignoravam até que se tratava de uma bola, e que se mexia. Porém, com o tempo, tudo foi evoluindo e pudemos perceber isso. Hoje, esse conhecimento, longe de nos deixar tranqüilos, aumentou nossa perplexidade. Pudera, nós estamos na crosta dessa bola a rolar ininterruptamente nesse espaço imenso!

Vai daí o desejo de sair, conhecer outros mundos, outras galáxias, onde pudéssemos, quem sabe, conhecer o chefão, aquele que comanda tudo isso.

Claro que essa harmonia, esse ritmo, esse movimento, deve ter um comandante, um chefe, que por certo estará com o leme de tudo e conduzirá sempre nossos destinos dentro desse equilíbrio. Porém, até agora, não sei de ninguém que o tivesse encontrado por essas galáxias, embora alguns possam até, deslumbrados com o que viram no espaço, ter pressentido sua presença. Será tão difícil assim ver esse Criador? Será ele tão ocupado e está tão distante que nós não conseguimos vê-lo? Será que o desejo do homem de sair da Terra, de viajar pelo espaço prende-se a esse pensamento, a essa vontade de poder confiar, de saber que ele sempre esteve lá, mesmo quando na Terra as coisas não estão do nosso gosto?

Há aqueles que desejariam, como num conto de fadas, ou num melodrama de novela, que ele descesse dos céus, num carrinho de fogo, como o Elias da Bíblia, e com uma espada chamejante fosse exercendo sua justiça. Assim, diante de todos, humilhando os maus, os traidores, os falsos, e elevando os bons, os humildes, os sofridos. Há quem sonhe com isso de verdade.

As injustiças no mundo são tantas e tão patentes que há uma torcida para que Deus em pessoa venha desmascarar os impostores, premiando os bons e virtuosos, colocando as coisas nos seus devidos lugares!

Mas acho que o chefão não pensa assim, porque, apesar de tantos admiradores torcerem, ele ainda não usou de seus poderes dessa forma. Há outros ainda que, temerosos de tudo, acreditam que é preciso ser puro, e lutam para encontrar a pureza da alma, macerando-se nos templos, afastando-se dos pecadores. Assim pensam eles: se Deus não vem ao mundo por causa do homem pecador, então eles (os puros) subirão até Deus. Naturalmente crêem na imortalidade da alma e do espírito. Um dia, em se tornando puros, eles irão para um lugar especial, nesse universo infinito, e terão a felicidade eterna, que eles conquistaram a duras penas.

Enquanto isto é sofrer neste mundo mesmo, e lutar, perdendo sempre, diante dos homens para ganhar diante de Deus.

Vendo quantas pessoas pensam dessa forma, fico meio triste de vez em quando. Porque, nesse caso, se eles estiverem certos, eu ainda deverei sofrer muito neste vale de lágrimas. E o pior é que eu não considero a Terra um "vale de lágrimas".

Está certo que há muitos momentos duros para nós, de lutas, de sofrimentos, de pessimismo ou de exaustão, mas será mesmo que é isso o que a vida realmente tem para nos dar? Será que é só isso que ela tem para nos oferecer?

Às vezes fico pensando, pensando. Afinal, que saudade! Quantos momentos bons vivemos na Terra! Ah! Sse eu pudesse vivê-los de novo!! Os maus momentos? Foram tão poucos que já os esqueci. O que ficou mesmo foi uma grande, uma louca saudade!

Como é belo o nosso mundo! Como são perfumadas nossas tardes de primavera, como são belos os nossos entardeceres.

Pensando nisso, gostaria de dizer: será que enquanto os homens continuam procurando o chefão de tudo em outros mundos, em outros planetas, ele não estará dentro do nosso próprio mundo? Não estaria nos abraçando na brisa cálida que passa, nos alimentando na seiva quente das plantas, nos apascentando, nos guiando os passos desde sempre, e até agora?

Pois eu penso assim. Descobri que Deus é tão atuante, tão vivo, tão ativo e tão bom, tão perfeito e tão amoroso que ele palpita em tudo, e até dentro de mim. Acham-me pretensioso? Por que não?

Ele está dentro de você também, se se der ao trabalho de perceber. E isso nos torna confiantes, felizes! O nosso mundo, a Terra, só é "vale de lágrimas" para os que estão cegos e temerosos, para aqueles que não enxergam e não ouvem os constantes chamamentos da natureza. Acham-me otimista?

Vendo o que eu vejo e sentindo o que sinto, como posso ser diferente? Em meio a tantos conflitos que o homem conseguiu criar, tantas dificuldades, tantas lutas inglórias, não seria muito bom, muito útil, muito prático que ele descobrisse isso?

Nem viagens espaciais, nem autoflagelação, nem pessimismo, nem autopiedade, nem autocondenação, nem misticismo, nem fanatismo. Só certeza, uma profunda, uma verdadeira certeza, uma fé absoluta e clara, uma confiança firme de que tudo vai muito bem porque Deus está no leme até aqui dentro da Terra e em nosso coração. Pensando assim, quem poderá não ser feliz? Quem terá receio de lutar?

Afinal, o chefão é mesmo extraordinário. Não criou tudo isto? E olhem que para isso ele deve ser muito eficiente. Assim sendo, o que devemos temer? O que nos parece ruim não será, afinal, um bem? Não queremos a verdade?

Ela sempre chega, mas com a proteção que a vida nos dá, tudo será sempre o que há de melhor. Será que acabamos de descobrir Deus?

Abraços do amigo

Silveira Sampaio

Fale com o autor

www.vidaeconsciencia.com.br

Sucessos de *ZIBIA GASPARETTO*

Crônicas e romances mediúnicos.
Mais de nove milhões de exemplares vendidos.Há mais de dez anos, Zibia Gasparetto vem se mantendo na lista dos mais vendidos, sendo reconhecida como uma das autoras nacionais que mais vendem livros.

Crônicas: Silveira Sampaio

- Pare de Sofrer
- O Mundo em que Eu Vivo
- Bate-Papo com o Além
- O Repórter do Outro Mundo

Crônicas: Zibia Gasparetto

- Conversando Contigo!
- Eles Continuam Entre Nós

Autores Diversos

- Pedaços do Cotidiano
- Voltas que a Vida Dá

Romances: Lucius

- O Amor Venceu
- O Amor Venceu (em edição ilustrada)
- O Morro das Ilusões
- Entre o Amor e a Guerra
- O Matuto
- O Fio do Destino

- Laços Eternos
- Espinhos do Tempo
- Esmeralda
- Quando a Vida Escolhe
- Somos Todos Inocentes
- Pelas Portas do Coração
- A Verdade de Cada Um
- Sem Medo de Viver
- O Advogado de Deus
- Quando Chega a Hora
- Ninguém é de Ninguém
- Quando é Preciso Voltar
- Tudo Tem Seu Preço
- Tudo Valeu a Pena
- Um Amor de Verdade
- Nada é Por Acaso
- O Amanhã a Deus Pertence
- Onde Está Teresa?
- Vencendo o Passado

Sucesso de *SILVANA GASPARETTO*

Obra de autoconhecimento voltada para o universo infantil. Textos que ajudam as crianças a aprenderem a identificar seus sentimentos mais profundos tais como: tristeza, raiva, frustração, limitação, decepção, euforia etc., e naturalmente auxiliam no seu processo de autoestima positiva.

- Fada Consciência

Sucessos de *LUIZ ANTONIO GASPARETTO*

Estes livros vão mudar sua vida!
Dentro de uma visão espiritualista moderna, estes livros vão ensiná-lo a produzir um padrão de vida superior ao que você tem, atraindo prosperidade, paz interior e aprendendo acima de tudo como é fácil ser feliz.

- Atitude
- Faça Dar Certo
- Se Ligue em Você (adulto)
- Se Ligue em Você – nº 1 (infantil)
- Se Ligue em Você – nº 2 (infantil)
- Se Ligue em Você – nº 3 (infantil)
- A Vaidade da Lolita (infantil)
- Essencial (livro de bolso com frases de autoajuda)
- Gasparetto (biografia mediúnica)
- Prosperidade Profissional
- Conserto Para uma Alma Só (poesias metafísicas)
- Para Viver Sem Sofrer

Série AMPLITUDE
- Você está Onde se Põe
- Você é Seu Carro
- A Vida lhe Trata como Você se Trata
- A Coragem de se Ver

CALUNGA
- "Um Dedinho de Prosa"
- Tudo pelo Melhor
- Fique com a Luz...
- Verdades do Espírito

LUIZ ANTONIO GASPARETTO EM CD

Aprenda a lidar melhor com as suas emoções para conquistar um maior domínio interior.

Série PRONTO SOCORRO
Autoajuda

1 – Confrontando o Desespero
2 – Confrontando as Grandes Perdas
3 – Confrontando a Depressão
4 – Confrontando o Fracasso
5 – Confrontando o Medo
6 – Confrontando a Solidão
7 – Confrontando as Críticas
8 – Confrontando a Ansiedade
9 – Confrontando a Vergonha
10 – Confrontando a Desilusão

Série VIAGEM INTERIOR (nº 1, nº 2 e nº 3)
Autoajuda • Exercícios de Meditação

Por meio de exercícios de meditação, mergulhe dentro de você e descubra a força de sua essência espiritual e da sabedoria. Experimente e verá como você pode desfrutar de saúde, paz e felicidade desde já.

Série GASPARETTO
Prosperidade

Aprenda a usar as leis da prosperidade. Desenvolva o pensamento positivo corretamente. Descubra como obter o sucesso que é seu de direito, em todos os aspectos de sua vida.

Série CALUNGA
Autoajuda • Prece da Solução

Calunga é um desencarnado carismático, possui uma sabedoria sobre a natureza humana que surpreende a todos. Consegue tocar o mais profundo de nosso Ser pela forma de observar a vida como bom mineiro que foi quando estava entre nós. Porta-voz dos espíritos superiores, está sempre a nos mostrar novas formas de lidar com as velhas coisas da vida.

Série PALESTRAS
Autoajuda

- S.O.S. Dinheiro
- Mediunidade
- O Sentido da Vida
- Os Homens
- Paz Mental
- Romance Nota 10
- Segurança
- Sem Medo de Ter Poder
- Simples e Chique

Série REALIZAÇÃO
Autoajuda

Com uma abordagem voltada aos espiritualistas independentes, eis aqui um projeto de 16 CDs para você melhorar. Encontros com o Poder Espiritual para práticas espirituais de prosperidade. Nesta coleção você aprenderá práticas de consagração, dedicação, técnicas de orações científicas, conceitos novos de forma espiritual, conhecimento das leis do destino, práticas de ativar o poder pessoal e práticas de otimização mental.

Série VIDA AFETIVA
Autoajuda

1 – Sexo e Espiritualidade
2 – Jogos Neuróticos a Dois
3 – O que Falta pra Dar Certo
4 – Paz a Dois

Série LUZES
Autoajuda • Coletânea com 8 CDs • Volumes 1 e 2

Este é um projeto idealizado pelos espíritos desencarnados que formam no mundo astral o Grupo dos Mensageiros da Luz. Por meio de um curso ministrado no Espaço Vida & Consciência, pela mediunidade de Gasparetto, eles nos revelaram os poderes e mistérios da Luz Astral, propondo exercícios para todos aqueles que querem trabalhar pela própria evolução e melhoria do planeta. Nesta coletânea, trazemos essas aulas, captadas ao vivo, para que você também possa se juntar às fileiras dos que sabem que o mundo precisa de mais luz.

Série ESPÍRITO
Autoajuda

1 – Espírito do Trabalho
2 – Espírito do Dinheiro
3 – Espírito do Amor
4 – Espírito da Arte
5 – Espírito da Vida
6 – Espírito da Paz
7 – Espírito da Natureza
8 – Espírito da Juventude
9 – Espírito da Família
10 – Espírito do Sexo
11 – Espírito da Saúde
12 – Espírito da Beleza

Série PALESTRA
Autoajuda

1 – Meu Amigo, o Dinheiro
2 – Seja Sempre o Vencedor
3 – Abrindo Caminhos
4 – Força Espiritual

LUIZ ANTONIO GASPARETTO EM DVD

O MUNDO EM QUE EU VIVO
Autoajuda

Momentos inesquecíveis da palestra do Calunga proferida no dia 26 de novembro de 2006 no Espaço Vida & Consciência.

ESPAÇO VIDA & CONSCIÊNCIA

É um centro de cultura e desenvolvimento da espiritualidade independente.

Acreditamos que temos muito a estudar para compreender de forma mais clara os mistérios da eternidade.

A Vida parece infinitamente sábia em nos dotar de inteligência para sobreviver com felicidade, e me parece a única saída para o sofrimento humano.

Nosso espaço se dedica inteiramente ao conhecimento filosófico e experimental das Leis da Vida, principalmente aquelas que conduzem os nossos destinos.

Acreditamos que somos realmente esta imensa força vital e eterna que anima a tudo, e não queremos ficar parados nos velhos padrões religiosos que pouco ou nada acrescentaram ao progresso da humanidade.

Assim, mudamos nossa atitude para uma posição mais cientificamente metodológica e resolvemos reinvestigar os velhos temas com uma nova cabeça.

O resultado é de fato surpreendente, ousado, instigador e prático.

É necessário querer estar à frente do seu tempo para possuí-lo.

Luiz Antonio Gasparetto

Mais informações:

Espaço Vida e Consciência – SP
Rua Salvador Simões, 444 – Ipiranga – São Paulo – SP
CEP 04276-000 – Tel./Fax: (11) 5063-2150
Espaço Vida e Consciência – RJ
Rua Santo Amaro, 119 – Glória – Rio de Janeiro – RJ
CEP 22211-230 – Tel./Fax: (21) 3509-0200
E-mail: espaço@vidaeconsciencia.com.br
Site: www.vidaeconsciencia.com.br

INFORMAÇÕES E VENDAS

Rua Agostinho Gomes, 2312
Ipiranga • CEP 04206-001
São Paulo • SP • Brasil
Fone / Fax: (11) 3577-3200 / 3577-3201
E-mail: editora@vidaeconsciencia.com.br
Site: www.vidaeconsciencia.com.br